Mulheres,
Comida
& Deus

Geneen Roth

Mulheres, Comida & Deus

Tradução
Elvira Serapicos

lua de papel

Direção Editorial: Pascoal Soto

Editor: Pedro Almeida

Produção editorial: Talita Camargo

Revisão: Josélia Aguiar, Claudia Padovani e Suria Scapin

Projeto gráfico, capa e diagramação: Osmane Garcia Filho

Imagem Capa: © Nui Chan | Dreamstime.com

Dados Internacionais de Catalogação na Publicação (CIP-Brasil)
Ficha catalográfica elaborada por Oficina Miríade, RJ, Brasil.)

Roth, Geneen
Mulheres, comida, Deus / Geneen Roth ; tradução Elvira Serapicos. -- São Paulo : Lua de Papel, 2010.

Título original: Women, food, and God.
ISBN 978-85-63066-18-3

1. Autoajuda - Técnicas 2. Comedores compulsivos - Aspectos psicológicos 3. Hábitos alimentares - Aspectos psicológicos 4. Obesidade - Aspectos psicológicos I. Título.

10-05002 CDD-616.85260651

Índices para catálogo sistemático:
1. Comedores compulsivos : Terapia espiritual : Medicina 616.85260651

2010

TEXTO EDITORES LTDA.
[Uma editora do Grupo Leya]

Av. Angélica, 2163 – conj. 175/178
01227-200 – Santa Cecília – São Paulo – SP
Blog da Lua: www.leya.com.br/luadepapel
Twitter: @luadepapel_BRA / @EditoraLeya

Sumário

3ª Parte: Comendo

Prólogo

O mundo em nossos pratos

Oitenta mulheres famintas estão sentadas em um círculo com tigelas de sopa fria de tomate com legumes; estão me encarando com raiva, furiosas. É hora do almoço no terceiro dia do retiro. Durante essas meditações diárias antes da refeição, cada uma das mulheres se aproxima da mesa do bufê, fica na fila para ser servida, ocupa seu lugar no círculo e espera até que todas estejam sentadas para comer. O processo é dolorosamente lento — em média quinze minutos —, principalmente se a comida é sua droga.

Apesar de o retiro estar indo bem e de muitas pessoas terem tido *insights* muito significativos, neste momento, ninguém se importa: ninguém quer saber de avanços impressionantes nem se tem de perder 40 quilos ou se Deus existe. Querem ficar sozinhas com suas comidas, ponto. Querem que eu pegue minhas ideias extravagantes sobre a ligação entre espiritualidade e alimentação emocional e desapareça! Uma coisa é ter consciência da comida no salão de meditação, e outra bem diferente é estar na sala de jantar, controlando-se para não dar uma mordida sequer até que o grupo inteiro tenha sido servido. Eu também havia pedido que fizessem silêncio absoluto, por isso não havia risadinhas ou conversinhas para distrair a atenção da fome ou da falta dela, uma vez que nem todo mundo está com fome.

O retiro é baseado em uma filosofia que desenvolvi nos últimos 30 anos: a de que nossa relação com a comida é um microcosmo exato da nossa relação com a própria vida. Acredito que somos expressões ambulantes das nossas convicções mais profundas; tudo aquilo em que acreditamos a respeito de amor, medo, transformação e Deus revela-se no como, quando e o que comemos. Ao ingerirmos barras e mais barras de chocolates quando não estamos com fome, estamos extravasando um mundo de esperança ou de desespero, de fé ou de dúvida, de amor ou de medo. Se estivermos interessadas em descobrir aquilo em que realmente acreditamos — não o que achamos ou dizemos, mas aquilo que nossas almas estão convencidas de que seja a verdade fundamental sobre a vida e a vida após a morte —, não precisamos ir além da comida em nossos pratos. Deus não está apenas nos detalhes; Deus também está nos muffins, nas batatas fritas e na sopa de tomate com legumes. Deus — qualquer que seja a maneira como O definimos — está em nossos pratos.

E é por isso que eu e oitenta mulheres estamos sentadas em círculo com uma tigela de sopa fria nas mãos. Olho ao redor da sala. Nas paredes, fotos de flores — *close-ups* gigantescos da pétala de uma dália vermelha, a ponta dourada de uma rosa branca. Um buquê de palmas-de-santa-rita espalha-se com tanta extravagância sobre uma mesa lateral que parece estar se exibindo. Então, começo a reparar no rosto de minhas alunas. Marjorie, uma psicóloga na casa dos 50, está brincando com a colher e não me olha nos olhos. Uma ginasta de 22 anos chamada Patrícia está usando malha preta e um *top* cor de limão. Seu corpo pequenino parece um pássaro de origami sentado na almofada — delicado e perfeitamente ereto. Em seu prato, um pouco de brotos e salada, nada mais. Olho para a direita e vejo Anna, cirurgiã da Cidade do México, mordendo um dos lábios e batendo impacientemente com o garfo no prato. Vejo três fatias de pão com grandes pedaços de manteiga e um pouco de salada, nada de sopa ou legumes. Sua comida diz: "Dane-se, Geneen, eu não tenho de entrar nesse jogo ridículo. Vou fazer a maior farra assim que tiver uma oportunidade.". Aceno com a cabeça como se lhe dissesse: "Sim, entendo como é difícil desacelerar.". Olho rapidamente para o resto da sala, para os rostos, para os pratos. O ar está carregado de resistência a essa meditação alimentar, e como sou eu quem faz as regras, também sou o alvo da fúria. Ficar entre as pessoas e sua comida é como ficar na frente de um trem que avança em alta velocidade; o ato de frear um comportamento compulsivo não é recebido exatamente com alegria.

— Alguém quer dizer alguma coisa antes de começarmos? — eu pergunto.

Silêncio.

— Então, abençoada seja a nossa comida e tudo o que a tornou possível. A chuva, o Sol, as pessoas que a cultivaram, as que a trouxeram até aqui e as que a serviram.

Posso ouvir Amanda, que está sentada à minha direita, respirando profundamente enquanto ouve a oração. Do outro lado da sala, Zoe balança a cabeça como se dissesse: "Está certo. A terra, o Sol, a chuva. Fico feliz que estejam aqui.". Nem todas, porém, se sentem agradecidas por terem de esperar mais um segundo para comer. Louisa, com seu agasalho de corrida vermelho, suspira e geme um imperceptível "Pelo amor de Deus, podemos pular essa parte?". Ela olha para mim como se estivesse prestes a me matar. Humanamente, é claro, e com o mínimo de sofrimento, mas me matar mesmo assim.

— Agora, quero que prestem atenção ao que colocaram no prato. — eu digo. — Observem se estavam com fome ao escolher a comida. Se não estavam fisicamente com fome, observem se havia outro tipo de fome presente. E, olhando para seus pratos, decidam o que querem comer primeiro, experimentem. Sintam o sabor da comida na boca. É o que vocês esperavam sentir? É o que vocês queriam?

Três, quatro minutos se passam durante a sinfonia de sons de mastigação. Percebo que Izzy, uma francesa muito alta, está olhando pela janela e parece ter-se esquecido de que estamos comendo. A maioria, no entanto, está segurando o prato na altura da boca, para poder comer mais depressa.

Laurie, 32 anos, CEO de uma empresa de seguros de Boston, levanta a mão:

— Eu não estou sentindo fome, mas quero sentir. Quero comer.

— Por quê? — eu pergunto.

— Porque a comida parece boa e está aqui. É o melhor conforto que posso ter neste momento. E que mal há em querer sentir algum conforto com a comida?

— Nenhum. Comida é uma coisa boa e conforto também é bom. Só que, quando você não está com fome e quer conforto, a comida é apenas um paliativo; por que não encarar o desconforto diretamente?

— É muito difícil enfrentar as coisas diretamente, é muito doloroso, então, pelo menos tenho a comida. — ela responde.

— Então, você deduz que o melhor que pode conseguir da vida é uma sopa fria de legumes?

Quando ela volta a falar, sua voz está trêmula.

— É o único conforto verdadeiro que eu tenho e não vou abrir mão disso.

Uma lágrima escorre por seu rosto, treme sobre o lábio superior. Cabeças acenam em concordância. Uma onda de murmúrios percorre o círculo.

Laurie diz:

— As coisas que fazemos aqui, como esperar em silêncio até que todo mundo tenha se servido, lembram-me de como era jantar com minha família. Minha mãe bebia, meu pai ficava furioso e ninguém falava. Era horrível!

— O que você sentia nessas ocasiões?

— Eu me sentia sozinha, péssima, como se tivesse nascido na família errada. Queria fugir, mas não tinha para onde ir. Sentia-me presa em uma armadilha. E isso parece a mesma coisa. Como se todas vocês estivessem loucas e eu estivesse presa aqui, com um bando de malucas.

Mais cabeças acenando. Mais sussurros. Uma australiana me desafia com o olhar, com seu cabelo preto comprido até a cintura raspando na beirada do prato de sopa. Imagino que ela esteja pensando que Laurie está certa e que poderia chegar ao aeroporto em 15 minutos.

Justamente aqui, porém, justamente agora, no centro dessa ferida — *fui abandonada e traída por quem e pelo que realmente importava e o que restou foi a comida* — é que está a ligação entre o alimento e Deus: marcando o momento em que desistimos de nós mesmas, da mudança, da vida; mostrando o local em que sentimos medo; revelando os sentimentos que não nos permitimos sentir, mantendo, assim, nossas vidas contraídas, secas, murchas. Nesse local isolado, basta um pequeno passo para chegar à conclusão de que Deus — em que a compaixão, a capacidade de recuperação e o amor existem — nos abandonou, nos traiu, ou é uma versão sobrenatural de nossos pais. Nossa prática nos retiros, ao lidar com esse desespero, não é a de tentar forçar a vontade ou despertar a fé, mas mostrar curiosidade e delicadeza ao lidar com o cinismo, com a desesperança, coma raiva.

Pergunto a Laurie se ela consegue abrir espaço para a parte dela que se sente presa e solitária. Ela diz que não, não consegue. Ela diz que só quer comer.

Pergunto se está disposta a considerar a possibilidade de que isso não tenha nada ver com comida. Ela diz que não, não consegue.

Está olhando para mim com uma expressão determinada que diz: "*Fique fora disso. Se manda. Não estou interessada.*". Seus olhos se estreitam, a boca está cerrada, os braços cruzados na frente do peito.

Parece que não há ar circulando na sala. As pessoas pararam de respirar: estão olhando para mim, esperando.

— Estou pensando — eu digo — e me pergunto por que vocês fazem tanta questão de me isolar. Parece que uma parte de vocês tem uma inclinação para o isolamento, talvez até para a destruição.

Agora, sim. Consegui atrair sua atenção. Ela abaixa a colher, que estava segurando no meio do ar, e me encara.

— Você desistiu? — eu pergunto.

É uma pergunta arriscada, porque toca diretamente no desespero, mas eu a faço assim mesmo, pois ela está lutando comigo há três dias e estou preocupada com a possibilidade de ela deixar o retiro num estado de negação inflexível.

— Quando foi que a determinação de não acreditar em nada se instalou? — continuo.

Ela inspira profundamente. Fica sentada sem falar por alguns minutos.

Olho ao redor da sala. Suzanne, mãe de três filhos, está chorando. Victoria, uma psiquiatra de Michigan, está olhando, esperando, atenta ao que está acontecendo.

— Sinto vontade de morrer desde que tinha dez anos. — Laurie diz, em voz baixa.

— Você consegue abrir espaço para a criança de 10 anos? — eu pergunto. — A que não via uma saída para a situação desesperadora em que se encontrava? Calmamente, veja se consegue sentir essa dor.

Laurie acena com a cabeça.

— Acho que consigo. — diz.

Peço a ela que faça isso não para confortar sua "criança interior". Eu não acredito em criança interior. Acredito que existem locais congelados em nós mesmos — bolsas não digeridas de dor — que precisam ser reconhecidos e aceitos para podermos entrar em contato com o que nunca havia sido tocado. Apesar de o trabalho que fazemos no retiro ser entendido como terapêutico, não é terapia. Ao contrário da terapia, não visa à recuperação da autoestima, constituída conforme o nosso passado. O trabalho que fazemos no retiro pretende revelar o que está além. Nossa personalidade e suas defesas, uma das quais é nossa relação emocionalmente carregada com a comida, têm ligação direta com nossa espiritualidade. São as migalhas de pão que nos guiam de volta para casa.

Laurie diz:

— Eu não sei o que aconteceu, mas de repente perdi a vontade de comer.

Eu digo:

— Parece que há alguma coisa ainda melhor do que a comida: tocar aquilo que você considera intocável.

Ela concorda com a cabeça e sorri pela primeira vez em três dias.

— A vida não parece tão ruim neste momento. Dizer em voz alta como eu achava tudo tão ruim quando eu tinha dez anos faz com que não pareça tão ruim agora. Acho que o que acontece é que consigo sentir a criança de 10 anos e quanto era grande sua tristeza sem me transformar totalmente nela. Isso é bom.

O simples fato de que sua dor pode ser tocada significa que nem tudo está perdido, que ainda há alguma esperança. Aceno com a cabeça e pergunto a ela se ainda quer continuar conversando comigo. Ela diz:

— Acho que por enquanto basta.

Peço às pessoas para pegarem seus talheres e experimentarem mais um pouco — percebendo o que querem comer, qual o sabor, qual a sensação.

Alguns minutos depois, Nell, aluna do retiro há sete anos, levanta a mão. — Eu não estou mais com fome, mas de repente percebi que estou com medo de largar a comida.

— Por quê?

— Porque... — e começa a chorar — porque percebo que estou inteira... E que você ficará zangada comigo se souber.

— Por que eu ficaria zangada com você?

— Porque você veria quem realmente sou e não gostaria.

— E o que eu veria?

— Vitalidade. Muita energia. Determinação. Força.

— Uau! E por que eu não gostaria disso?

— Eu não precisaria de você. E você seria ameaçada por isso.

— E por quem você me toma? Por alguém que você conhece que se sentiu ameaçada pelo fato de você ser uma pessoa tão incrível?

Nell começa a rir.

— Oi, mãe. — ela diz.

A sala é tomada pelas risadas.

— Ela era tão deprimida. — Nell diz. — E se eu fosse apenas eu mesma, isso era demais para ela. Eu precisava baixar a bola, precisava estar tão mal quanto ela, senão ela me rejeitaria e isso era algo inaceitável.

— O que está acontecendo no seu corpo, Nell?

— Parece uma fonte de cor. — ela diz. — É como se eu fosse um arco-íris com tons vivos de vermelho, verde, dourado, preto irradiando do meu peito, dos meus braços, das minhas pernas...

— Ok, vamos parar aqui por um minuto...

Olho ao redor da sala. Anna, que queria me mandar à merda, está chorando. Camille, que parecia entediada desde o início do retiro, parece profundamente absorvida pelo que está acontecendo. A atenção do grupo se fixa no que Nell está dizendo sobre a necessidade de ficar mal. Elas conseguem se identificar com a crença de que, se continuarem feridas serão amadas.

Olho para Nell e digo:

— Quando você para e se permite sentir o que estão lhe oferecendo, nunca é o que você pensou que seria. Você vai do medo à fonte de cor em três minutos...

Nell diz:

— É como se este lugar calmo e tranquilo estivesse esperando pela minha volta, como se estivesse aqui durante toda a minha vida, como se fosse mais eu do que qualquer outra coisa.

E então Nell fica em pé e olha ao redor da sala. Empurra a cadeira para o lado e avisa:

— Escutem, garotas, EU NÃO ESTOU MAL!!!!

Mais risadas. Então, Nell continua:

— Esse processo é espantoso. Primeiro, tive de lidar com a coisa da comida. Realmente tive de parar de usar a comida para me consolar, do contrário, me sentiria muito louca e não havia tempo para a questão espiritual. Então, quando minha necessidade de comer diminuiu, tive de me permitir sentir a sensação de estar mal. Isso foi difícil. Essa foi a parte em que precisei acreditar no que você estava dizendo, Geneen. Que a minha resistência à dor era pior do que a dor. Realmente, sentir que não estou mal não consigo explicar como é. É como fazer parte de algo sagrado; como dizer que as coisas boas não são só para os outros, são para mim também. Sou eu!

Como já está quase na hora de começar a próxima sessão no grande salão, peço às pessoas que examinem seu nível de fome, que o avaliem em uma escala de 1 a 10 — com 1 sendo muita fome e 10 satisfação total — e que comam de acordo com isso.

— Nós nos encontraremos no salão de meditação em trinta minutos. — eu digo, ficando em pé.

Quando estou prestes a sair pela porta, Marie, uma advogada de Minneapolis, agarra meu braço e diz: — Preciso dizer uma coisa para o grupo. Tudo bem?

Concordo com a cabeça, preparando-me para o que virá. Marie tem se mostrado cética desde o início do retiro. Durante as sessões, ela fica sentada olhando para mim como se dissesse: "*Prove, querida. Prove que essa coisa de comida significa algo mais do que calar a minha boca.*". Depois de cada palestra que eu dava, ela me desafiava, me provocava; ontem, ela me disse que estava arrependida de ter vindo. "Isto é só mais uma MOPOC. Estou cansada disso tudo. Só quero perder peso e acabar logo com isso."

— O que significa MOPOC? — perguntei.

— Outra maldita oportunidade de crescimento. — Marie respondeu.

Quase morri de tanto rir.

— Desculpe por estar rindo, mas acho que não é bem isso. Talvez você descubra que este retiro pode abrir perspectivas que você jamais imaginou.

— Duvido. — ela respondeu e se afastou, com o rabo de cavalo ruivo balançando, enquanto seu corpo desaparecia de vista.

Agora, na sala de jantar, Marie me conta:

— Ocorreu-me que tudo aquilo em que acreditamos em relação às nossas vidas está bem aqui. O mundo todo está nestes pratos.

— Amém, irmã. — eu digo. Antes de atravessar a porta, eu me inclino na direção de Marie e digo baixinho: — Vamos falar de MOPOCS.

No caminho para a sala de meditação, mais uma vez me dou conta de que todo o retiro poderia ser feito na sala de jantar, já que aquilo em que acreditamos em relação à comida e ao comer é um reflexo de nossas crenças. Assim que a comida aparece, os sentimentos surgem. E assim que os sentimentos surgem, existe um reconhecimento inevitável da violência e do sofrimento autoimpostos que alimentam qualquer obsessão. E junto com esse reconhecimento vem a disposição de nos envolvermos e de desfazermos o sofrimento em vez de permanecermos prisioneiros dele. O primoroso paradoxo desse envolvimento está no fato de que, ao darmos espaço para esse sofrimento, ele se dissolve. O peso desaparece fácil e naturalmente. E sem a dor autoimposta e as histórias sobre o que é errado, o que sobra é o que estava lá antes de eles surgirem: nossa ligação com o que tem significado e com o que consideramos sagrado.

Em 1978, liderei meu primeiro grupo para comedores compulsivos. No primeiro encontro, eu estava 20 quilos acima do meu peso e, devido a um malentendido com um cabeleireiro amigo que fizera uma permanente, estava com o cabelo todo encaracolado.

Alguns meses antes, prestes a me matar depois de ter engordado 36 quilos em dois meses, tomei uma decisão radical e decidi parar de fazer dieta e comer o que o meu corpo quisesse. Desde a adolescência, vivia ganhando e perdendo mil quilos. Fiquei viciada em anfetaminas por quatro anos e em laxantes por dois anos. Tinha vomitado, jejuado e tentado todas as dietas possíveis e imagináveis — a do Dr. Atkins, a de Uvas e Nozes, a dos Vigilantes do Peso, dentre outras tantas. Tinha me tornado anoréxica — passei quase dois anos pesando 36 quilos — e obesa. A maior parte do tempo, obesa. Meu guarda-roupa estava cheio, com calças, vestidos e blusas de oito numerações diferentes. Enlouquecida com a autoaversão e a vergonha, eu vacilava entre o desejo de autodestruição e o de consertar tudo com a promessa de perder 30 quilos em apenas um mês.

Naquele primeiro grupo, eu estava comendo o que meu corpo queria já há alguns meses. Tinha perdido alguns quilos — um grande feito para alguém que acreditava que morreria fazendo dieta — e estava começando a perceber que a relação com a comida havia afetado todos os aspectos da minha vida.

As mulheres que não saíram correndo e gritando quando perceberam que a mulher gorda de cabelo encaracolado era — sem brincadeira — a líder do grupo, continuaram a se encontrar semanalmente comigo durante dois anos. Até publicar meu primeiro livro, *Feeding the Hungry Heart,** em 1982, e começar a dar palestras em vários estados dos Estados Unidos, trabalhei com centenas de mulheres. Mulheres que juravam ter de trancar a comida no armário da cozinha e esconder a chave, de repente, conseguiam comer apenas a porção de algo — uma tigela, um pedaço, uma mordida. Mulheres que nunca tinham conseguido perder peso, de repente, começaram a perceber que as roupas estavam largas.

Um ano depois de ter parado de fazer dieta, cheguei ao meu peso natural, que mantenho há três décadas. Mais do que o novo tamanho, porém o que me encantava era a leveza; embora eu ainda não entendesse a ligação entre saber lidar com a comida e saber identificar a fome por coisas menos tangíveis (descanso, contato, significado). A relação com a comida tornou-se a lente por meio da qual comecei a ver praticamente tudo.

* Alimentando o Coração Faminto.

O mestre *zen* Shunryu Suzuki Roshi afirmava que o entendimento estava em seguir uma coisa até o fim. Logo percebi que, se eu seguisse até o âmago (o impulso de comer quando eu não estava com fome), eu descobriria tudo aquilo em que acreditava sobre o amor, a vida e a morte. E isso — ir atrás da relação com a comida até o fim — descreve como passei os últimos 30 anos.

Quando me ofereci para liderar o primeiro retiro de seis dias, em maio de 1999, era para ser um evento único. Eu queria reunir as duas maiores paixões da minha vida: meu trabalho com a alimentação e meus anos de prática espiritual. Eu meditava desde 1974, vivi em *ashrams* e mosteiros e estava estudando o Caminho do Diamante, uma escola não confessional que usava a psicologia como ponte para a espiritualidade. Ainda me encolhia quando ouvia a palavra "Deus" e a palavra "espiritual" evocava uma visão de santidade e austeridade que não combinavam — isso é até um eufemismo — com minha coleção de suéteres e botas coloridas. Eu ainda tinha bilhões de momentos neuróticos por dia, mas também tinha mais momentos de contentamento e liberdade do que jamais imaginara ser possível para uma ex-gorda do Queens. Eu queria que todos soubessem o que eu sabia e que tivessem o que eu tinha.

Ainda assim, fiquei atônita com o que aconteceu.

Não foram as histórias sobre compulsão, dieta, jejum ou cirurgias que eu ouvi; não foram as histórias sobre abuso ou trauma. Eu já havia escutado a maioria. Não. O que me chocou foi que, depois de anos trabalhando com a compulsão por comida, eu vinha tratando a questão como um problema psicológico e físico e, apesar de serem as duas coisas, percebi imediatamente que era também porta de entrada para um universo interior fascinante.

As alunas queriam voltar; queriam fazer tudo de novo. Elas me lembraram da tarde em que vi um eclipse total do Sol em Antígua. Meu marido e eu estávamos na praia com dezenas de outras pessoas, usando óculos escuros de plástico para nossos olhos não serem atingidos pelos raios solares. Vimos a Lua encobrir o Sol completamente. E ficamos sem fala na escuridão encantada. Enquanto a luz voltava lentamente, alguém gritou para a Lua:

— De novo! Faça isso de novo!

Como tínhamos uma vantagem sobre a Lua — podíamos fazer aquilo de novo —, nós o fizemos. E ainda o fazemos.

Enquanto dava aulas nos retiros, aprendi que cada um de nós tem uma visão básica da realidade e de Deus e que a colocamos em prática em nosso relacionamento com nossos familiares, com nossos amigos, com nossa comida. Não importa se acreditamos em um Deus, em muitos Deuses ou em Deus nenhum. Qualquer um que respire, pense e viva tem crenças a respeito de Deus. E como nossa relação com nossas mães é nosso primeiro modelo pré-verbal para uma existência em que nos sentimos aceitos ou rejeitados, amados ou abandonados, muitos de nós fundimos o relacionamento com nossa mãe ao conceito de Deus.

Não importa se temos consciência dessas primeiras experiências ou mesmo se acreditamos em modelos pré-verbais: nossas vidas diárias, do mundano ao sublime, das nossas atitudes num congestionamento à nossa reação diante da morte de alguém que amamos, são expressões — retratos — das nossas crenças mais profundas.

Para descobrir no que você realmente acredita, preste atenção ao seu modo de agir e ao que você faz quando as coisas não funcionam do jeito que você acha que deveriam. Preste atenção ao que você dá valor. Preste atenção a em como e em que você gasta seu tempo, seu dinheiro. E preste atenção à maneira como você come.

Você irá descobrir rapidamente se acredita que o mundo é um lugar hostil e se você precisa ter o controle do universo imediato para que as coisas caminhem tranquilamente. Você irá descobrir se acredita que não há o suficiente ao redor e se pegar mais do que precisa é necessário para a sobrevivência. Você irá descobrir se acredita que ficar quieto é insuportável, se ficar sozinho significa ser solitário. Se ter certos sentimentos pode significar ser destruído. Se ser vulnerável é para fracotes ou abrir-se para o amor é um grande erro. E você irá descobrir como você usa a comida para expressar cada uma dessas crenças profundas.

Os retiros agora são realizados duas vezes por ano e muitas daquelas primeiras alunas, tendo trabalhado seu doloroso modo de alimentar-se e tendo perdido peso, continuam retornando para — como elas dizem — voltarem-se para dentro de si mesmas.

As introduções (ou, neste caso, os prólogos) devem dizer para que foi escrito o livro e por que ele deve ser lido. Não acho que seja a melhor pessoa para responder a essas perguntas porque, para mim, cada pessoa inventa uma forma de lidar com a comida e por isso todos deveriam ler este livro. Todas as pessoas que comem, todas as pessoas que querem saber por que não conseguem parar de comer, todas as pessoas que querem usar aquilo de que mais desejam livrar-se (seus vícios, sentimentos desconfortáveis, crenças inquestionáveis sobre suas próprias limitações) para chegar ao que mais desejam ter (paz imperturbável, alegria diária e sensação de conforto com corpo, mente e coração) deveriam ler este livro. E também quem já pensou sobre o significado da vida e/ou já questionou Deus ou se sentiu abandonado por Ele.

Será que isso inclui todos os seres vivos? Provavelmente. Como já disse, porém, não sou objetiva nesses assuntos, depois de ter passado dois terços da minha vida atônita, às voltas com minha relação com a comida.

Aqui, agora, está praticamente tudo o que sei sobre como usar a alimentação para nos livrarmos do sofrimento, sobre a desmistificação da perda de peso e sobre a presença luminosa do que tantos chamam de Deus.

1ª Parte

Princípios

Estrelas trituradas

Ontem à noite sonhei que meu corpo era feito de estrelas trituradas e espaço negro — assim como tudo o que eu via ou tocava. Para quem costuma sonhar que um assassino serial entrou em sua casa, acordar em um corpo feito de estrelas em uma casa de estrelas era algo incomum.

Desde que fiz amor com um homem casado no *closet* de minha mãe, embaixo do casaco de peles da minha avó, e pouco tempo depois viajei para a Índia, onde não toquei em bebida ou homens por seis meses, eu me sentia como se fosse duas pessoas: uma que desistiria de tudo para descobrir o mundo além das aparências, e outra que gostava de sexo e de problemas e que queria ter mais dinheiro e não Deus.

E por falar nisso...

Na minha família, era algo mais respeitável roubar dinheiro dos pobres (fato pelo qual meu pai foi condenado e preso) e colar nas provas de Ciência (mas só quando eu não sabia as respostas) do que mencionar, falar ou ter qualquer relacionamento com alguém que acreditasse em Deus. Quando eu tinha 11 anos, depois de passar um ano rezando todas as noites para ter um cabelo mais volumoso e arrumar um namorado e, principalmente, para que meus pais parassem de gritar um com o outro, e sem ter obtido resultado algum, eu desisti de Deus. Por isso vocês podem imaginar a contrariedade dos meus pais quando, durante a tal viagem para a Índia, eu escrevi para casa e disse que tinha certeza de que havia encontrado a encarnação do Santo Pai.

Ouvi falar de Deus em duas situações: assistindo ao filme "Os Dez Mandamentos", com Charlton Heston, e na aula de Estudos Sociais, porque Janey Delahunty ficava escrevendo cartas para Ele. Eu vi o que Deus fez com aqueles egípcios e tinha certeza de que Ele poderia ensinar algumas coisinhas aos meus pais. E quando Janey descreveu um Deus que lia suas cartas e atendia a suas preces, comecei a rezar também, mas não tive coragem de escrever. Anos depois, no livro *Children's Letters to God,** uma menina chamada Charlene escreveu: "*Querido Deus, eu amo minha família, mas fico me perguntando se você tentou outras pessoas antes de me mandar pra eles.*".

Eu não gostava de rezar. Não gostava de ajoelhar e falar com o ar; era como suplicar por um amor que eu já sabia que não poderia ter. Quando minhas preces não foram atendidas, senti vergonha por ter acreditado que poderia ter sido salva e decidi

* Cartas de crianças para Deus.

que Deus havia visto algo irrecuperável em minhas células — e que eu estava por minha própria conta.

Aos 11 anos, sentia como se um nervo estivesse exposto, como se o fato de eu ocupar um espaço na mesa de fórmica vermelha fosse o motivo do ódio que havia entre meus pais e a violência de um contra o outro. Eles atiravam coisas, saíam de casa, permaneciam longe durante horas ou dias. Minha mãe lembrava uma Sophia Loren loura, meu irmão parecia ter saído de uma série de televisão, mas eu tinha um rosto redondo, cabelo sem jeito e quadris largos que mais pareciam um piano. Nem o garoto mais feio da turma iria me tirar para dançar no baile de formatura.

Entra a comida.

A visão de uma bola de *marshmallow* deixava o mundo mais colorido. Eu saboreava cada mordida, deixava desmanchar na boca; com cobertura de chocolate ou de coco. Depois de comer quatro ou seis, achava que meu cabelo tinha cachos bonitos, minhas pernas eram mais compridas e meus pais trocavam olhares amorosos durante os piqueniques no Lago George, onde comíamos sanduíches de salada de ovo com pão sem casca. Eu me voltei para a comida da mesma maneira que muitas pessoas se voltam para Deus: era a possibilidade de suspirar em êxtase, sentir-me no céu, prova concreta de que o alívio para a dor da vida cotidiana era possível.

Então passava. A embalagem ficava vazia, os pedacinhos de coco, presos nos meus dentes; e assim eu me convencia de que a razão para eu não ter pais que assistiam aos desfiles de mãos dadas estava no fato de eu ser gorda. Comecei a fazer regime no mesmo ano em que passei a comer compulsivamente. O regime dava-me um objetivo. Comer compulsivamente representava um alívio para a tentativa incessante de ser outra pessoa.

Durante quase duas décadas, o sofrimento que eu sentia em relação a tudo — o casamento de meus pais, a morte de um namorado, meu rosto redondo — expressou-se na minha relação com a comida. Comer em excesso era a minha maneira de punir-me e de envergonhar-me; cada vez que ganhava peso, cada vez que descumpria uma dieta, eu provava a mim mesma que meu maior medo era verdadeiro: eu era patética, amaldiçoada e não merecia viver. Eu poderia ter expressado esse desespero por meio de drogas, álcool ou crimes, mas preferi o chocolate.

Fazer dieta era como rezar: um lamento choroso para quem estivesse ouvindo. Sei que sou gorda. Sei que sou feia. Sei que sou indisciplinada, mas eu tento. Veja com que violência eu me privo, me limito, me castigo. Certamente, deve haver uma recompensa para aqueles que sabem como são horríveis.

E como eu expressava meu desespero com os regimes e a compulsão por comida, quando não estava fazendo regime ou comendo compulsivamente, tinha a sensação de estar cometendo uma heresia. Era como se estivesse quebrando um voto que não deveria ser quebrado jamais. Era como dizer: "Você estava errado, Deus. Você estava errada, mamãe. Eu mereço ser salva!". E assim, ao decidir que não iria mais pactuar com a crença em minha própria degradação, algo que eu nunca teria imaginado me mostrou: a presença da beleza, a consciência da compaixão e o conhecimento inequívoco de que havia um lugar para mim.

Eu não tinha um nome para essa beleza. Eu não acreditava em Deus ou em experiências místicas, mas não havia como negar que eu estava tendo a experiência direta de algo inominável, maior do que minha mente, minha infância, minhas histórias do que era certo e errado. Até hoje, a única explicação que tenho para isso é supor que meu sofrimento havia chegado a um ponto crítico de desespero: ou me matava ou uma maneira completamente diferente de viver me seria revelada. E, apesar de entender que, em muitos casos, o sofrimento humano não leva à revelação, em meu caso, por algum motivo, isso aconteceu.

Depois dessa abertura inicial, foram anos de questionamento das velhas crenças, anos de buscas científicas e espirituais para abrir caminho para um entendimento maior da presença que a maioria das pessoas chama de Deus, mas foi a dor da minha relação com a comida que abriu essa porta.

Eu acredito no Deus que a maioria das pessoas chama de Deus?

Não. Eu não acredito naquele que vive no céu, naquele que sabe todas as coisas e que atende a todas as preces. Eu não acredito no Deus de cabelo branco comprido e visão de raio X, que favorece algumas pessoas, alguns países, algumas religiões e não outras, mas acredito no mundo além das aparências e também que existe muita coisa que não podemos ver ou tocar. E acredito — porque vivi essa experiência inúmeras vezes — que o mundo além das aparências é tão real quanto uma cadeira, um cachorro, um bule.

E acredito no amor. E na beleza. E acredito que todas as pessoas têm algo que acham bonito e que amam de verdade. O cheiro do cabelo de um filho, o silêncio da floresta, o sorriso da pessoa amada. Seu país, sua religião, sua família. E acredito que, se você se mantém fiel a esse amor, se você começa com o que acha mais bonito e segue o perfume dessa coisa até sua essência, perceberá uma presença intangível, uma faixa de silêncio que deixará essa coisa amada visível como a abertura no céu que revela a presença da Lua.

Não acredito no Deus que a maioria das pessoas chama de Deus, mas sei que a única definição de Deus que faz sentido é a que usa a vida humana e seu sofrimento — exatamente o que acreditamos que precisamos esconder ou consertar — como um caminho para o centro do próprio amor. E é por isso que a relação com a comida é uma entrada perfeita.

Apesar de perceber que algumas pessoas consideram a palavra "Deus" explosiva e potencialmente desagregadora, enquanto outras têm um relacionamento profundamente satisfatório com ela, usa neste livro porque evoca uma vastidão misteriosa que não conseguimos penetrar com nossas mentes, embora possamos apreendê-la através do silêncio ou da poesia ou simplesmente sentindo o que está sempre aqui.

E como colocar Deus e comida lado a lado causa um ruído na mente — os dois parecem ter tão pouco em comum quanto computadores de titânio e rosas vermelhas —, todas as suas crenças em relação a Deus e à comida podem desaparecer. E no espaço oriundo do não-saber, talvez você descubra o que eu vivi diretamente: que entender a relação com a comida é um caminho direto para voltar para casa depois de anos no exílio. Talvez essa casa seja o verdadeiro significado de Deus.

Acabando com a guerra

Na primeira manhã dos meus retiros, digo às minhas alunas que a grande benção de suas vidas é a relação que têm com a comida. Elas me olham com cara de espanto, mas essa proporção parece tão favorável que se dispõem a ouvir o que tenho a dizer. Então, digo que não iremos resolver seus problemas de relacionamento com comida; na verdade, nós iremos atravessar a porta de seus problemas alimentares e ver o que está por trás. Em vez de usar a comida para evitar o desconforto, vamos aprender a tolerar o que consideram intolerável.

Elas ficam olhando para mim. Fazem caretas. Cochicham umas com as outras.

Por que alguém em sã consciência acreditaria que tolerar o intolerável é um esforço digno?

A confusão começa.

Então, porque parece que é isso o que eu faço, falo da luta, do sofrimento, da parte terrível da minha história. Nas últimas décadas, descobri que o inferno pessoal, relatado em momentos de tensão e hostilidade, consegue dissolver a amargura. Descrevo os anos em que ganhava e perdia peso, em que me odiava, em que era uma suicida. Depois, falo da decisão de não fazer mais regime, de comer tudo o que desejasse.

Contei essa história durante muitos anos, mas só recentemente compreendi que a parte radical não foi a de ter decidido parar de fazer regime, mas a de ter decidido parar de tentar me consertar. Parei de lutar comigo mesma, parei de me culpar pelo meu peso, de culpar minha mãe, meu namorado. E como os regimes eram a tentativa mais evidente no sentido de me consertar, parei com eles também. Eu não me importava mais com o fato de estar tão gorda que só cabia em um vestido quando chegava o verão; eu havia atingido o limite e descobri que tinha duas escolhas: ou parava com os regimes ou me matava.

A maioria das minhas alunas não consegue imaginar um mundo sem dieta. É mais fácil imaginar as pessoas voltando do mundo dos mortos, ou Brad Pitt pedindo-as em casamento, do que se imaginar desistindo da luta com seu corpo. Algumas amizades foram construídas sobre a compaixão em torno dos quilos que precisam perder e o *jeans* muito apertado e a dieta da moda. Elas se entendem odiando-se. Tentando perder aqueles 10 quilos, 20 quilos — sem jamais conseguir. O nunca-conseguir-perder-alguns-quilos é necessário para que elas se entendam. A guerra permanente com a comida e com o tamanho do corpo é importante para serem amadas. São como Sísifo,* empurrando a pedra até o alto da montanha e quase conseguindo chegar lá, sem nunca chegar.

O bom de ser Sísifo é que você tem um trabalho predeterminado. Você sempre terá o que fazer. Enquanto estiver se esforçando e tentando fazer algo que não pode ser feito, você sabe quem é: alguém com problemas de peso que está dando duro para emagrecer. Você não se sentirá perdida ou impotente porque sempre terá um objetivo que jamais será alcançado.

Num estudo realizado pela Universidade da Califórnia (UCLA), em abril de 2007, sobre a eficácia das dietas, os pesquisadores descobriram que um dos melhores indicadores de que a pessoa teria ganhado peso era o fato de ter perdido peso com uma dieta em algum momento nos anos que precederam o início do estudo. Entre aqueles que foram seguidos por menos de dois anos, 83% recuperaram mais peso do que haviam perdido. Outro estudo mostrou que as pessoas que viviam fazendo dietas estavam piores que as pessoas que não as faziam.

Piores. Falhar é construir no jogo do peso. Não há como jogar e ganhar.

Leio esses estudos para minhas alunas nos retiros. Digo: "*Se vocês estivessem doentes e o médico sugerisse uma cura que as deixasse* PIORES, *vocês o seguiriam assim mesmo?*". Espero que elas me

* Personagem da Mitologia Grega.

digam não e que percebam que sofreram uma lavagem cerebral da indústria de dietas que movimenta 50 bilhões de dólares ao ano.

Mas pelo menos uma pessoa diz: "*Não consegui entender mais nada depois que você falou do vestido no verão...*". Alguém concorda com a cabeça. A sensação geral na sala é a de que elas preferiam ficar cegas ou paralíticas a usar um vestido com elástico na cintura em pleno verão. Se for preciso declarar guerra total a si mesmas para não ficarem gordas, se for preciso continuar culpando a si mesmas e a suas mães e seus parceiros por sua relação com a comida, se a autoestima fica abalada cada vez que não conseguem manter o regime, bem, e daí? Toda guerra tem seus efeitos colaterais.

Durante os primeiros dias de um retiro, as pessoas estão convencidas de que tenho a resposta para o enigma de suas vidas. Elas realmente acreditam que existe alguma coisa que acabará com seus problemas de peso, resolvendo, assim, o que elas não conseguem colocar em palavras: como é serem elas mesmas? Viver suas vidas, com suas famílias, com suas mentes. O que é ter diabetes e depender de insulina ou ter uma amiga que acabou de ser diagnosticada com câncer de mama? Elas percebem que a perda de peso não irá curar o câncer de sua amiga, mas a promessa da perda de peso irá permitir que vivam num pedaço mágico da terra onde tudo é administrável.

Uma mulher me disse que não era perder peso o que ela desejava, mas sentir-se magra e elegante, como se não estivesse carregando peso desnecessário. Então ela me contou, de passagem, que o amor da sua vida havia morrido alguns anos atrás e que o outro homem com quem ela se envolvera havia morrido de ataque cardíaco havia três semanas. Mas o que ela realmente precisava, ela disse, era sentir-se magra e elegante. "Realmente preciso disso.", disse.

Quando lhe perguntei como se sentia com a perda de duas pessoas que amava num espaço de poucos anos, ela disse apenas:

— As pessoas sempre me deixam. Sempre me abandonam.

— Sempre?

— Sim. Sempre. — ela disse

Quando questionei sua crença no "sempre", quando lhe perguntei sobre sua sensação de abandono, ela disse:

— Não posso sentir essas coisas. Não vou aguentar. Aquilo de que eu preciso é me sentir magra e elegante. Aí vou poder lidar com tudo isso.

Em sua cabeça, ficar magra significava ficar forte o bastante para lidar com os sentimentos perturbadores que ela não queria sentir, como desgosto, perda e solidão.

— Se meu corpo estiver em forma — o que nunca aconteceu e talvez nunca aconteça —, então, poderei sentir o que não consigo sentir agora. Se conseguir dar um jeito em mim para não ser mais eu mesma, então tudo ficará bem. Meus sentimentos serão administráveis. — concluiu.

Uma aluna me disse:

— Se eu parar de tentar emagrecer, vou comer tanto, que acabarei ocupando dois lugares no avião. Ou então estarei tão perdida que vou ser capaz de virar moradora de rua, daquelas que dormem nos degraus da igreja.

E, apesar de não ter nenhuma dúvida de que o uso da relação com a comida como um microcosmo para os nossos sentimentos em relação ao fato de estarmos vivos realmente leva à perda de peso — vi isso milhares de vezes —, a maioria das pessoas ainda reluta em parar de fazer regime e desistir da guerra.

Trecho de um artigo *do The Christian Science Monitor:**

> Tantas garotas perfeitas foram criadas sem qualquer religião organizada... E a maioria de nós conhece a espiritualidade apenas em celebrações obrigatórias nos feriados... Combine nossa falta de busca espiritual com nosso excesso de treino em ambição. E você terá uma geração de meninas sem Deus e sem espiritualidade, criadas sem o senso da própria divindade. Nosso valor no mundo sempre foi relacionado à nossa aparência... E não ao incrível milagre da nossa simples existência.

Combine a profunda ineficiência das dietas com a falta de inclinação espiritual e teremos gerações de mulheres malucas, vorazes, com aversão a si mesmas. Ficamos tão obcecadas pela ideia de nos livrarmos da nossa obsessão, do nosso sofrimento e da sua mensagem inerente, que deixamos de encontrar partes de nós mesmas embaixo de tudo isso. Melhorar nossa aparência, porém, não é a mesma coisa que nos assumirmos. A verdadeira riqueza da obsessão está na tranquilidade inefável, na integridade irrefutável encontrada quando nos viramos para sua fonte.

* Disponível em: http://www.csmonitor.com

Como todo mundo nesta cultura maluca de dietas em que vivemos, minhas alunas odeiam a ideia de largar as furiosas tentativas de mudar a si mesmas. Sabem que alguma coisa não está certa nas suas vidas e, por não estarem no peso ideal, acreditam que a comida é o problema e que a dieta o resolverá. Quando sugiro que é como tentar consertar algo que não está quebrado, uma onda de ansiedade percorre a sala.

Elas perguntam:

— Como você pode dizer que não há nada de errado quando não consigo entrar nas minhas roupas? Quando meu marido não me toca porque estou muito gorda? Quando fico sem fôlego depois de subir as escadas? Você não está vendo que há alguma coisa terrivelmente errada?

E digo:

— Sim, há alguma coisa errada, mas não é a perda de peso que irá resolver. (Como a maioria delas já foi magra pelo menos uma, duas ou dezenas de vezes, elas já sabem disso, mas esquecem.) As inúmeras tentativas de emagrecimento afastam você cada vez mais do que realmente poderia por um fim ao seu sofrimento: voltar a ter contato com quem você realmente é. Sua verdadeira natureza. Sua essência.

Braços cruzados, mandíbulas fechadas. As coisas etéreas — de natureza verdadeira — podem esperar até que elas fiquem magras, se é que existem.

Pergunto:

— Vocês conseguem lembrar-se de uma época, talvez na juventude, quando a vida era suficiente por si mesma? Quando vocês eram suficientes não por causa da aparência ou do que faziam, mas apenas porque as coisas eram do jeito que tinham de ser? Não havia nada de errado. Quando estavam tristes, vocês choravam e depois, pronto, passava. Vocês voltavam a um sentimento fundamental de positividade, de compaixão, pelo simples fato de estarem vivas. E se vocês conseguissem viver daquele jeito agora? E se a relação de vocês com a comida fosse a porta de entrada para isso?

No filme "O Paciente Inglês", o autor Michael Ondaatje escreve:

> Um homem no deserto pode reter a ausência em suas mãos em concha sabendo que é algo que o alimenta mais do que a água. Há uma planta (no deserto) cujo núcleo, se alguém o arrancar, é substituído por um fluido contendo ervas. Todas as manhãs, a pessoa pode beber o líquido na quantidade de um coração ausente.

A alimentação emocional é uma tentativa de evitar a ausência (de amor, de conforto, de saber o que fazer) quando nos encontramos no deserto de um determinado momento, sentimento ou situação.

Durante o processo de resistência ao vazio, no ato de darmos as costas para os nossos sentimentos, ao tentarmos perder os mesmos 10, 20 ou 30 quilos repetidamente, ignoramos o que poderia nos transformar. Quando, porém, abrimos os braços para o que mais queremos evitar, despertamos em nós o que não é história, o que não está preso no passado, o que não é uma velha imagem de nós mesmos. Despertamos a própria divindade.

E, ao fazer isso, conseguimos reter o vazio, velhas feridas, o medo em nossas mãos e contemplar nossos corações, que nos fazem tanta falta.

Nunca subestime a tendência de fugir

Era a primavera de 1982... Eu estava em um telefone pago tentando desesperadamente alugar um helicóptero para conseguir ir embora do retiro budista silencioso de dez dias ao qual tinha acabado de chegar. Havia voltado da Índia alguns anos antes e estava tentando encontrar um caminho espiritual que não incluísse um maluco que se considerasse a encarnação de Deus. Kate, minha terapeuta, havia insistido para que eu me inscrevesse no retiro, mas esqueceu de falar que eu teria de passar 15 horas por dia meditando — e eu também me esqueci de perguntar. Kate também não me contou que eu não poderia falar ou olhar nos olhos de ninguém. Senti vontade de matá-la e, apesar de saber que crimes passionais têm graves consequências, essas me pareciam infinitamente preferível a passar dez dias de cabeça baixa em silêncio.

O sujeito do telefone me perguntou onde eu estava.

— No meio do deserto, no Joshua Tree State Park. — respondi.

— Não existem helipontos nesse local, minha senhora, e mesmo que houvesse, ficaria muito, muito caro!

Estávamos no segundo dia do retiro e eu estava com a sensação de que iria enlouquecer. Na noite anterior, no silencioso salão de meditação, tive visões, imaginando que ficava em pé e tomava uma ducha. Tomava uma ducha como uma pessoa com Síndrome de Tourette.* Eu realmente precisava ir embora.

Tentei pensar em alternativas para o aluguel do helicóptero — pedir carona, andar, suplicar. Nenhuma delas era viável. Eu não conhecia nenhuma das 150 pessoas do retiro e estava convencida de que era um culto de zumbis budistas caminhando lentamente em estupor meditativo. Meu quarto — com 15 mulheres e um banheiro — estava superlotado e, apesar de ser adepta da não violência, em estava prestes a atacar a primeira que roncasse perto da minha cama, acertá-la na cabeça com um cacto enorme.

Passar dez dias grudada em minha própria mente era como ficar presa em uma cela apertada com uma louca sem ter como escapar.

O sujeito do aluguel de helicópteros me disse que o aluguel custaria 2.500 dólares, e como o salário que eu recebia para fazer sanduíches de abacate com queijo em uma lanchonete de Santa Cruz era de apenas 600 dólares por mês, sair do retiro pelo céu era algo fora de cogitação.

* Síndrome de Tourette é uma desordem neurológica ou neuroquímica caracterizada por tiques involuntários, reações rápidas, movimentos repentinos (espasmos) ou vocalizações que ocorrem repetidamente da mesma maneira.

A monja budista Pema Chodron escreveu: “Nu
sua tendência de fugir.”. Digo isso às minhas aluna
noite dos retiros. Elas riem e pensam: “Eu? Eu não vou fugir. Esse negócio com comida me derrubou de tal maneira que farei qualquer coisa — QUALQUER COISA — para resolver o problema.”.

Na primeira noite, elas estão cansadas demais por causa da viagem, muitas atravessaram o país ou cruzaram um oceano. No segundo dia, porém, já estão fazendo planos para voltar para casa. Ou decidem que estão entediadas e que não encontraram nenhuma informação nova. Muitas vezes decidem que usar a comida não é assim tão ruim e ficam imaginando se não é melhor pegar o dinheiro de volta e fazer um cruzeiro.

Eu conto a elas a história do helicóptero. Digo que comer por questões emocionais é uma maneira de sair de nós mesmas quando as coisas ficam difíceis, quando não queremos perceber o que está acontecendo. Comer por questões emocionais é uma maneira de nos distanciarmos das coisas da forma como estão quando não estão da maneira que queremos que estejam. Digo-lhes que acabar com a obsessão com comida tem a ver com a capacidade de viver o presente, de não nos afastarmos. Digo-lhes que não precisam escolher entre perder peso e fazer isso. Perder peso é a parte fácil; todas as vezes que você presta atenção à sua fome e percebe quando está satisfeita, você perde peso. Também digo a elas, porém, que comer por questões emocionais é basicamente uma recusa a estar completamente viva. Não importa qual seja o nosso peso, aquelas que comem por questões emocionais são anoréxicas na alma. Nós nos recusamos a ingerir o que nos sustenta e vivemos uma vida de privações. E quando não conseguimos aguentar mais, nós nos descontrolamos.

A maneira como conseguimos fazer tudo isso é nos trancando — nos abandonando — centenas de vezes por dia.

Isso, no entanto, não toca o súbito entendimento — e o pânico subsequente — de que elas realmente não querem sentar no centro de suas próprias vidas. Uma coisa é dizer que você quer parar de usar a comida para entorpecer-se. Sentir-se péssima com o tamanho do seu corpo. Sentir como se estivesse se matando com fritas e X-burgueres duplos. Outra é diminuir o ritmo, perguntar a si mesma o que realmente está acontecendo quando você quer comer se não está com fome, observar como você engole três *muffins* antes de perceber que está comendo. Isso é ir longe demais. Existe algo na aceitação da beleza frágil e imprevisível desta vida que é simplesmente demais. Assim, no instante em que começam a sentir ou a pensar em algo desconfortável, elas querem abandonar o barco.

Existem muitas maneiras de fugir. Saindo pela porta, alugando um helicóptero, fazendo milhares de coisas diferentes para esquecer a dor: pensando em outra coisa, culpando sua mãe, culpando outra pessoa, arrumando uma briga, comparando-se com outras pessoas, sonhando com a vida no futuro, lembrando da vida no passado, nunca se envolvendo completamente. Comendo. Passar a vida tentando perder peso. Renunciando à interminável luta com a comida para não ter de mergulhar no sentido de tudo Ou descobrir quem é você, o que podem ser suas relações sem o drama da comida.

Permanecer onde você está para sentir o que tem dentro de você é o primeiro passo para acabar com a obsessão pela comida.

E apesar de parecer que tudo o que queremos é acabar com a obsessão, na verdade, queremos mantê-la. E por boas razões.

A obsessão dá às pessoas algo para fazer além de ter o coração machucado por acontecimentos que o abalam. Como ver o filho ficar doente? Como viver enquanto o cônjuge morre? Como ficar com os pais enquanto eles envelhecem, usam fraldas, esquecem o próprio nome? A obsessão dá às pessoas uma passagem de avião para deixar um determinado tipo de desgosto. Dá-lhes uma viagem de helicóptero para fora do deserto. Cria um mundo paralelo, um holograma de emoções, paixões, reviravoltas de tirar o fôlego. Dá a você a ilusão de sentir tudo sem ficar vulnerável a qualquer coisa. No drama da obsessão, você é a estrela, coestrela, diretora, produtora. Outras pessoas, até mesmo seus filhos, são apenas coadjuvantes. Figuras de papelão.

Quando você enlouquece com alguma compulsão, por exemplo, você fica tão concentrada em colocar a comida na sua boca que deixa seu filho no carro, como fez uma das minhas alunas, e esquece que a criança ficou lá. Existe uma loucura na obsessão, sim, mas seu valor está no fato de afastar você da loucura da vida. Especialmente agora, quando estamos perto de destruir nós mesmos e o meio ambiente.

Não fugir — isto é, ficar acordada sem estar embriagada por comida, álcool, trabalho, sexo, dinheiro, drogas, fama ou em negação (da crise em que realmente estamos) — é fazer muitas perguntas.

Eu costumava pensar (bem, às vezes ainda penso) que, quanto menos aparecesse, menos dor sentiria quando perdesse tudo.

Quando as pessoas que eu amava morressem. Quando as coisas desmoronassem. Às vezes, fico chocada. Penso: "Queria que meu marido, Matt, morresse de uma vez e acabasse logo com isso.". Em meus momentos de maior regressão (isto é, ao ver os acontecimentos pelos olhos de uma criança), vivo entre o medo da fatalidade e o desejo, entre a preocupação de que Matt pode morrer todas as vezes que atravessa a porta e o convencimento de que ficarei aliviada caso isso aconteça.

Esse é o tipo de pensamento que se transformou em obsessão pela comida 30 anos atrás. É a crença, mesmo que inconsciente, de que eu não conseguiria lidar, não conseguiria tolerar, não tinha a casca grossa o bastante ou o coração suficientemente determinado para suportar o que estava à minha frente sem que eu me fragmentasse. O que é outra maneira de dizer que a obsessão é uma maneira de organizar nossas vidas de forma que não tenhamos de lidar com a parte difícil, ou seja, aquela parte que acontece entre os 22 anos e a morte. Apesar de perceber que nem tudo é difícil e que algumas pessoas — meu marido e talvez outras duas ou três — não enxergam as coisas desse jeito, aqueles que comem por razões emocionais não seriam obcecadas por comida se acreditassem que a vida é tolerável sem ela.

O problema é que não é a vida presente que é intolerável. A dor que estamos evitando já ocorreu. Estamos vivendo ao contrário.

Não é que não haja dor no momento presente. Todos os dias eu recebo cartas de pessoas que estão vivendo mais um dia. Esta manhã, recebi uma carta de uma de minhas alunas que me contou que sua mãe fez o cabelo na quinta, como sempre fazia, e na sexta estava delirando completamente, a ponto de precisar ser internada em uma instituição psiquiátrica. Ela disse: Meu pai está arrasado. Eles estão casados há 60 anos. E não tenho ideia de como vou conseguir enfrentar tudo isso."

A resposta para "não tenho ideia de como vou enfrentar tudo isso" é: permitir-se chorar, erguer-se, sentir como se o seu coração tivesse sido esmagado por uma pedra. Sente-se com seu pai, ouça suas queixas, procure a ajuda de amigos. E perceberá que no fim de cada dia ainda está viva. E perceberá que, quando não usa comida para trancar-se, para sair do seu corpo, você se sente mais viva. Que sentir algo, mesmo que seja dor, é diferente do que você pensou que seria. Que, quando você não se afasta de si mesma, vive uma vida diferente. Uma vida que inclui vulnerabilidade, ternura e fragilidade — e que isso tudo, quando passa, torna-a mais verde, mais ampla, repleta de entusiasmo.

À medida que entramos no modo de sobrevivência — eu não consigo sentir isso, eu não vou sentir isso, dói demais, vai me matar —, entramos na pele de bebês, velhas formas, um eu familiar. As crianças pequenas, aquelas que estão aprendendo a andar, usam o corpo como mediador para a dor da perda, do abandono ou das surras; não existe diferença entre a dor física e a dor emocional. Se a dor é muito intensa e as defesas muito fracas, a criança se torna psicótica e/ou morre. Para salvar sua vida, a criança desenvolve defesas que lhe permitam sair de uma situação que ela não pode deixar fisicamente, desligando suas emoções ou se voltando para algo que a acalma. Se contudo, como adultos, ainda acreditamos que essa dor irá nos matar, estamos enxergando pelos olhos do eu frágil que fomos um dia e confiando na defesa que desenvolvemos: a fuga. As obsessões são uma maneira de sairmos antes de sermos abandonados por acreditarmos que a dor de ficarmos nos matará.

A pessoa que seria morta, porém, o "eu" em "a dor é grande e eu sou pequena" é uma ideia, uma lembrança, uma imagem de você mesma deixada pela infância. Você já se sentia destruída. Isso foi naquela época. Você nunca mais será tão pequena. Você não depende de outra pessoa, não precisa do apoio ou do amor de alguém para continuar respirando.

Para ficar, é preciso ter consciência do desejo de fugir, das histórias que você está contando para si mesma sobre a necessidade de fugir. Ficar significa reconhecer que, quando você quer fugir, está vivendo no passado. Você está sendo alguém que não existe mais. Ficar significa curiosidade em relação a quem você realmente é quando não se considera um amontoado de lembranças. Quando você não supõe sua existência a partir da repetição do que aconteceu com você, quando você não se considera a garota que sua mãe/pai/irmão/professora/namorado não viu ou adora. Quando você consegue sentir-se diretamente, imediatamente, sem preconceito... Quem é você?

Quando você fica, passa a questionar o que nunca questionou: a pessoa que você considera que é. Que não é seu passado, seus hábitos, suas compulsões. Qualquer coisa torna-se, então, possível. Até mesmo viver com uma dor impressionante.

Quando receio que Matt morra ao sair pela porta, tenho medo de não sobreviver sem ele. Quando desejo que ele morra para acabar logo com tudo, é porque quero parar com a dor de antecipar essa dor. Enquanto acreditar que essa dor é maior do que eu, enquanto definir que estar aberta é estar vulnerável à aniquilação, acredito em uma imagem de mim mesma: que sou alguém que pode ser aniquilada. E quando acredito nisso, fujo de todas as situações envolvendo-me em várias atividades que mexem com minha cabeça ou deixam meu corpo entorpecido, ou me fecho, ou saio pela porta para me afastar da dor que ameaça me destruir — que é qualquer situação que envolva outro ser humano ou cujo resultado não posso controlar. Vivo uma existência autista.

Está, porém acontecendo outra coisa: a recusa em aceitar — e em viver — a vida como ela é. As coisas como elas são. As pessoas envelhecem, adoecem e morrem. Ou morrem subitamente. Ou sua morte se arrasta para sempre. Tenho uma amiga que está morrendo uma morte dolorosa com um câncer ósseo. Oito amigas morreram de câncer no seio. Os ursos polares estão morrendo. As abelhas estão desaparecendo. Os oceanos estão secando. Há uma parte de mim que quer o dinheiro de volta e que quer dizer: "*Não era isso o que eu queria. Não gosto da maneira como tudo isso está funcionando e não quero ter parte nisso.*"

Stephen Levine, professor de budismo, diz que o inferno é querer estar em um lugar diferente daquele em que você está. Estar em um lugar e querer estar em outro. Estar constantemente agitado — outra palavra para não aceitação — em relação ao inevitável. Estar em uma relação com alguém e se recusar a se render a esse amor por não querer entregar-se a algo que poderá perder.

Isso é o que se costuma chamar de viver no inferno: recusar-se a amar por querer que o fim do jogo seja diferente. Querer que a vida seja diferente. Isso também se chama ir embora sem ir. Morrer antes que eu morra. É como se uma parte de mim se recusasse de tal forma a sofrer por amor que sofro antes. Outro nome para esse padrão? Obsessão.

Uma das primeiras coisas que acontecem em um retiro é algumas alunas brigarem comigo nos horários de encontro. Vejo isso como a descida inicial à definição de inferno [de Stephen Levine]: "*Estou aqui, mas gostaria de não estar. Deve haver um jeito mais fácil. Quero meu dinheiro de volta. Não gosto das regras deste jogo.*".

O verdadeiro "não gosto", porém, é: "*Não gosto de ter esta obsessão com comida e não quero fazer o que preciso fazer para lidar com ela. Eu achava que queria, mas agora que estou aqui mudei de ideia. Prefiro fazer outra dieta, prefiro fingir que tudo tem a ver com força de vontade e comer as coisas certas. Prefiro perder peso mais umas mil vezes a me ver como realmente sou. Trabalhar para ter consciência de mim mesma. Conhecer-me. Descobrir aquilo em que realmente acredito em relação à vida, ao amor e a Deus.*".

O desejo de deixar o retiro é uma expressão do desejo de deixar a própria obsessão, fingir que é um problema menor que pode ser consertado em poucas semanas com pequenos ajustes nos exercícios e no controle das porções. É uma maneira de dizer: "Esta não é minha vida, este não é o meu problema. Não há sentido para mim aqui.".

Com o passar dos dias, no entanto, o vórtice do retiro fica mais forte e, se elas não forem embora, alguma coisa acontecerá. Elas desistem da luta porque tomam consciência de algo que nunca imaginaram que pudesse existir: algo que está além da dor. Que a dor atravessa.

Uma aluna me disse que esperou três anos para vir a um retiro, até seus filhos terem idade suficiente para que ela pudesse ficar longe durante cinco dias consecutivos. Quando, porém, finalmente chegou, sentiu vontade de voltar imediatamente. Minimizou o que estava acontecendo, dizendo a si mesma que nada de novo estava sendo ensinado. Ela telefonou para a companhia aérea para marcar a passagem de volta para casa. Pensou em pegar um trem. Em alugar um carro e atravessar o país.

Ela escreve:

> No segundo dia, eu já estava entediada com o que estava acontecendo aqui. Pensei: "Eu já sei de tudo isso, esse negócio é básico. Não preciso estar aqui e não vou tirar nada disso.". Eu queria ir embora. Então percebi que o aborrecimento na verdade era resistência a estar comigo mesma. Ao ver isso, eu me abri. Percebi subitamente que essa atitude de quem está entediada permeia minha vida. Essa mania de minimizar-me me mantém gravitando em torno das partes espirituais que são fáceis e acessíveis e que me causam bem-estar. Mantém-me protegida do que não sei. Não há mistério no aborrecimento. Nenhuma emoção da descoberta. Nenhuma vida verdadeira.
>
> A prática de me trazer de volta para o momento presente em vez de ficar gravitando em torno da minha cabeça não é algo fácil. Eu trabalho tanto para vencer em minha carreira que me sinto no direito de querer uma espiritualidade fácil, conveniente, tranquila. Espiritualidade que faz com que eu me sinta melhor instantaneamente. Eu senti, porém, uma mudança aqui ao ver que a prática consistente da alimentação, da respiração, da presença em todos os momentos é o meu verdadeiro trabalho. Isso é o que a vida pode ser. Vejo o compromisso que terei de assumir ficando e entendo que não é o mesmo trabalho doloroso que passo tanto tempo fazendo. Vejo que esse trabalho requer humildade e disposição

para voltar a mim mesma, sempre e sempre. Manter-me interessada no que está realmente aqui sem a cobertura do meu passado. Depois, porém, de experimentar o que parece ser minha paisagem interior e de ter percebido que não é um campo minado — que tudo é administrável e de fato adorável e merecedor de amor —, não quero voltar à maneira como eu vivia antes.

Para ficar, você tem de acreditar que há algo que valha a pena — e depois tem de continuar trazendo você de volta. O vislumbre inicial de encantamento, de amor, de possibilidade, de expansão se transforma em compromisso de voltar, trazer você de volta após cada fuga.

Vi outro dia uma entrevista de Stephen Levine* e de sua esposa há 30 anos, Ondrea. Conheci Stephen em um jantar em Santa Cruz em 1978, quando ele era jovem e enérgico (e eu também). Ele comandava oficinas sobre morte, viajava para todos os lugares, fazia palestras para auditórios com 500 pessoas ou mais. Agora, está tão frágil que não consegue andar ou dar um soco com as mãos. Ondrea está com leucemia e tem crises convulsivas. Eles disseram que não tinham medo de morrer:

— "Gostaria de que ele/ela morresse primeiro para não ter de morrer sozinha(o) quando eu não estiver mais aqui.", ambos afirmaram.

"Uau!", pensei envergonhada. Isso é um pouco diferente do meu desejo maluco de que Matt morra para eu poder superar a

* Já mencionado anteriormente, na citação a respeito do inferno.

dor de ficar imaginando sua morte. Eles querem que o outro morra primeiro, querem sentir a dor de ter ficado para que o parceiro seja poupado dessa mesma dor. Isso é o oposto da fuga. É caminhar direto em direção à dor com o entendimento de que há coisas piores na vida do que um coração partido. De que existe algo além, algo capaz de saturar qualquer dor. Algo que retém a dor, que é maior do que ela. E não há luta com a dor ou com o que a satura.

Percebo, então, quanto e com o que ainda luto: não apenas com a morte e a perda. Já fiz 50 anos e, apesar de saber que não sou assim tão velha, já não consigo ler o rótulo dos produtos da mercearia sem os óculos. Outro dia comprei uma barra de chocolate com pimenta em vez de café. Ofensa grave. Percebo que fazer o trabalho é sempre uma possibilidade, mas eu me sentiria como se estivesse usando uma máscara. Lutar contra o inevitável. Fugir da gravidade. Digo que acredito em algo mais profundo, algo que não morre e, às vezes, chamo esse algo de Deus, mas de vez em quando esqueço o que sei e sinto vontade de fugir de novo.

Em algum momento, é hora de parar de brigar com a morte, com a maneira como são as coisas, e perceber que comer por razões emocionais não é nada mais do que fugir de situações como as relatadas acima; a obsessão irá cessar quando parar de fugir. Nesse momento, nossa resposta talvez seja como disse Catherine Ingram* quando alguém perguntou a ela como conseguia suportar a dor profunda: "Eu vivo entre pessoas de coração partido. Elas permitem.".

*Autora do *best seller Passionate Presence — Experiencing the seven qualities of awakened aware.*

Não se trata do peso. Na verdade, não tem nada a ver sequer com comida

Alguns anos atrás, recebi uma carta de alguém com uma faixa dos Vigilantes do Peso que dizia: PERDI QUATRO QUILOS. Logo abaixo dessa frase, escreveu: *"E ainda me sinto uma droga!"*.

Nós pensamos que nos sentimos péssimas por causa do peso. E como as juntas e os joelhos doem e não conseguimos caminhar três quarteirões sem perder o fôlego, é provável que estejamos péssimas fisicamente. Se, porém, passamos os últimos cinco, 20, 50 anos obcecadas com os mesmos cinco ou dez quilos, há mais alguma coisa errada. Algo que não tem nada a ver com peso.

Minha amiga Sally foi a um casamento na Finlândia alguns anos atrás e encontrou uma prima distante que estava furiosa comigo. A prima disse que havia lido meus livros, seguido minha abordagem e engordado 45 quilos. Ela me considerava uma charlatã, uma impostora, uma pessoa desprezível. Eu não a culpava. Se eu engordasse 45 quilos acreditando que estava seguindo conselhos de um especialista, também iria querer estrangulá-lo. Humanamente, é claro, e com o mínimo possível de dor. Mesmo assim, estragulá-lo. Afinal, foram 45 quilos! Minha resposta para a prima de Sally foi dizer, da maneira mais gentil possível — e com a segurança de milhares de quilômetros de distância entre nós —, que eu percebia que ela achava que estivesse me ouvindo, mas eu não defendo que se deva comer por razões emocionais. E engordar 45 quilos significa isso.

A maioria das pessoas fica tão feliz em ler e ouvir alguém cuja abordagem não é centrada na perda de peso, que toma isso como uma licença para comer sem qualquer restrição. "A-há!", elas dizem. Finalmente, alguém entende que não tem nada a ver com peso. Nunca teve nada a ver com peso. Não tem nada a ver sequer com comida. "Ótimo", dizem, "vamos comer. Muito. Não precisamos parar."

A verdade é que não tem nada a ver com peso. Nunca teve nada a ver com peso. Quando se descobrir uma pílula que permita às pessoas comerem o que quiserem sem engordar, os sentimentos e as situações que tentaram evitar com comida ainda estarão lá e elas encontrarão outras maneiras inventivas de se anestesiar. No filme "*O Feitiço do Tempo*", quando percebe que não vai engordar mesmo que coma milhares de tortas, Bill Murray come como se não houvesse amanhã (pois, no filme, não havia). O desafio, porém, se dissipou assim que ele percebeu que poderia ter tanta comida quanto quisesse sem as consequências habituais. Quando não existe o desafio, tudo o que sobra é um pedaço de torta. E quando você termina a torta, aquilo que não tinha nada a ver com a torta — mas que a levou até ela — ainda está lá.

No último ano, recebi cartas ou trabalhei com alunas que tinham:

- Hipotecado suas casas para pagar por cirurgias gástricas e depois recuperaram o peso que haviam perdido;
- Emprestado dinheiro — uma boa quantia — de algum parente para fazer uma lipoaspiração para depois descobrir que ainda odiavam suas coxas;
- Perdido 40 quilos e estavam tão decepcionadas com o fato de isso não ter resolvido as coisas que recuperaram os quilos perdidos. E mais.

Não tem nada a ver com o peso. Se descobrissem uma droga que lhe permitisse comer o que você quisesse sem engordar, você encontraria outras maneiras mais criativas de continuar ignorando suas crenças fundamentais. Ou você sente vontade de acordar ou sente vontade de dormir. Ou quer viver ou quer morrer.

Não tem nada a ver com peso, mas também não é que não tenha nada a ver com peso.

Porque a realidade do peso e suas consequências físicas não podem ser negadas. Algumas das pessoas que participam dos meus retiros não conseguem sentar-se confortavelmente em uma cadeira. Elas não conseguem subir por um caminho com pequena inclinação sem sentir dor. Os médicos dizem que correm risco de morrer a menos que percam peso. Precisam fazer cirurgias nos joelhos, nos quadris, cirurgias gástricas. A pressão sobre o coração, os rins e as juntas é demais para que o corpo possa funcionar corretamente. Por isso tem a ver com o peso à medida que o peso atrapalha as funções mais básicas, impedindo que façam coisas, que se mexam, que sintam.

A realidade da epidemia de obesidade — 75% dos americanos estão acima do peso — tem recebido ampla cobertura da imprensa. As intermináveis estatísticas, as novas drogas que estão sendo descobertas, a possibilidade de um gene da obesidade — tudo isso está ligado à questão do peso. Ninguém discorda do fato de que estar 40 quilos acima do peso é fisicamente desafiador.

Ainda assim, a questão é que não importa se a pessoa pesa 70 ou 150 quilos — se ela come mesmo que não esteja com fome, está usando a comida como droga. Está lidando com tédio, doenças e perdas, dor, vazio, solidão, rejeição. A comida é apenas o intermediário, o meio para chegar a um fim. Para alterar as emoções, para deixá-la entorpecida, para criar um problema secundário quando o problema original fica muito desconfortável, para morrer lentamente em vez de enfrentar a vida atrapalhada, surpreendentemente curta. Acontece que o meio para chegar a esse fim é a comida, mas poderia ser o álcool, o trabalho, o sexo, ou crack e heroína. Surfar na internet ou falar ao telefone.

Por uma infinidade de motivos, porém, nós não entendemos completamente por que (genética, temperamento, meio ambiente) aqueles que comem compulsivamente escolhem a comida. Não é por causa do gosto. Não é por causa da textura ou da cor. Queremos quantidade, volume. Precisamos de muito para ficarmos inconscientes. Para apagar o que está acontecendo. A inconsciência é que é importante, não a comida.

Às vezes, as pessoas dizem: — Mas eu gosto do sabor da comida. Na verdade, eu adoro o sabor! Não estou tendo uma relação íntima, não estou sendo tocada regularmente, não estou sendo massageada. A comida é meu único prazer. Por que não pode ser simples assim? Como demais porque gosto do sabor.

Mas...

Quando você gosta de alguma coisa, presta atenção a ela. Quando gosta de algo — de verdade —, dedica algum tempo a isso. Você sente vontade de estar presente o tempo todo.

A compulsão por comida não leva a esse sentimento. Você come e engole e sente um mal estar tão grande que não consegue pensar em outra coisa além do fato de estar cheia. Isso não é amor; isso é sofrimento.

O peso é um subproduto. O peso é o que acontece quando você usa a comida para nivelar sua vida. Mesmo com juntas doloridas, não tem nada a ver com a comida. Mesmo com artrite, diabetes, pressão alta. Tem a ver com a vontade de nivelar sua vida. Tem a ver com o fato de você ter desistido sem dizer isso. Tem a ver com sua crença de que não é possível viver de outra forma — e você está usando a comida para por isso para fora sem ter de admitir.

Hoje de manhã, recebi esta carta:

> Cada vez que tento seguir o que você diz, fico com medo e então volto para a segurança do método dos Vigilantes do Peso. E todas as vezes que tento marcar alguns pontos acabo voltando uma semana depois e entro numa espiral de compulsão.
>
> Minha principal preocupação é que não sei como resolver as deficiências no resto da minha vida. Trabalho em um escritório de advocacia bastante respeitado de Nova York. Tudo indica que vou chegar a algum lugar e ser alguém algum dia, mas por enquanto tenho muito a aprender e muitas tarefas menores e preciso revisar

documentos e nunca consigo mergulhar de verdade em nada. Consigo administrar a vontade de comer durante o dia, mas à noite volto pra casa, insatisfeita, e devoro tudo.

Eu consigo ver a ligação entre esse vazio e meus hábitos alimentares. Seus livros captam isso perfeitamente. E eu só preciso encarar minha frustração com o trabalho e minha carreira em vez de desviar a atenção com comida. Eu só não sei como lidar com isso porque preciso ficar nesse emprego mais oito meses, no mínimo (para conseguir meu bônus) e provavelmente mais um ano depois disso, até meu namorado terminar um trabalho e nós podermos nos mudar para outro lugar. Intelectualmente, eu consigo aceitar esse trabalho como um passo a mais em minha carreira, mas no dia a dia só pioram as coisas.

Acho que estou escrevendo isso mais para deter a compulsão, porém, mesmo com essa clareza, não tenho certeza de que conseguirei prestar atenção ao que como se esse emprego continuar a roubar minha energia.

Então, o que faz uma garota destinada a ser alguém no meio tempo sentir que não é alguém especial? Como enfrentar o que ela não quer enfrentar sem comer? Esse é o verdadeiro dilema. *"Eu não quero estar onde estou e por isso como para não 'piorar' as coisas. Como posso não sentir as coisas piorarem sem comer para me sentir melhor?"*

Vamos imaginar que ela continue a comer. Todas as noites, ela vai para casa e come compulsivamente. Em pouco tempo, vai engordar, depois engordar mais. Talvez engorde tanto que suas juntas comecem a doer, as costas também, a pressão sobre os joelhos se tornará dolorosa e insuportável. Em vez de preocupar-se com o fato de não ser ninguém, ela começa a se preocupar com a cirurgia que terá de fazer nos joelhos. Entrou para as fileiras dos obesos e começa a achar que seu problema é o peso. Se ao menos conseguisse emagrecer, seu corpo funcionaria bem (isso talvez seja verdade) e ela seria feliz (isso não é verdade). Seu problema, porém, não tem nada a ver com a comida que ela consome. O problema dela, apesar de acabar se tornando o excesso de peso, não é o peso. É que ela não sabe — ninguém nunca a ensinou — como "enfrentar" sua "deficiência". O vazio. A insatisfação.

Vejo quatro possibilidades. A primeira é continuar fazendo o que ela está fazendo. Essa é a alternativa que a maioria de nós faz a maior parte do tempo. Presas a um dilema, um paradoxo — *"Preciso ficar aqui, mas não quero."*; *"Ficar aqui me deixa infeliz."*; *"Ficando infeliz, eu como."* —, normalmente exageramos a vontade de comer por questões emocionais e dizemos que esse é o problema. A falta de força de vontade, a compulsão noturna, nosso tamanho cada vez maior. E apesar de acabar tornando-se um problema que realmente precisa ser cuidado, é um problema que fabricamos para não termos de lidar com o desconhecido.

A sua segunda alternativa é sair do emprego e encontrar algo que ela queira fazer. Uma escolha mais difícil, principalmente se a sua paixão é ser advogada, o que, no começo, exige que realize tarefas que não a entusiasmam.

A sua terceira alternativa — aquela com a qual está lutando — é desatar o nó do que ela chama de "deficiência". Desmistificar o vazio do qual ela foge noite após noite. Se as sensações noturnas não fossem tão assustadoras, não haveria necessidade de buscar uma droga para entorpecê-las.

Deficiência. Vazio. São apenas palavras, nomes que evocam pensamentos assustadores. E tanto os pensamentos quanto as sensações baseiam-se em sua ideia do que deveria estar acontecendo, que não é: "Eu deveria ser alguém especial e aqui estou eu realizando trabalhos menores e revisando os documentos para outras pessoas. Não foi com isso que eu sonhei. Nunca vou chegar a nada. Estou desperdiçando minha vida. E se as coisas ficarem assim para sempre? E se meus sonhos forem apenas bolhas de sabão? Eu devia saber que isso iria acontecer. Eu deveria ter escutado minha professora do primário quando ela disse que eu nunca seria nada. Ah, eu me sinto tão vazia! Eu me sinto como se fosse deficiente, como se tivesse algum problema, como se não fosse suficiente. Preciso comer.".

Falar em deficiência parece terrível, mas é? Qual é realmente a sensação? É como um grande buraco no estômago? No peito? É como se tudo tivesse desmoronado e ela estivesse agarrando-se à beira de um grande abismo para não cair? Se ela parar de tentar se agarrar e cair, o que irá acontecer? (Lembre que essas imagens estão na cabeça dela. Ela não está se agarrando à beira de um abismo, provavelmente está sentada em uma cadeira. A verdade é que ela não cairia em lugar algum caso se soltasse). O vazio é a experiência do espaço ou é outra coisa? Se é o espaço e ela sente isso diretamente — no corpo —, ela poderia perceber se existe algo realmente assustador ou se é apenas uma história que está contando a si mesma.

Existe um universo a ser descoberto entre "estou me sentindo vazia" e buscar a comida para fazer com que essa sensação desapareça. O Problema do Peso — e o fato de parecer que se trata do peso — é previsível. Sabemos o que fazer quando temos esse problema: castigar-nos, causar algum mal a nós mesmas, comer menos donuts. Ficar com o vazio, porém, entrar, dar-lhe as boas vindas, usá-lo para nos conhecermos melhor, conseguir distinguir as histórias que contamos a nós mesmas das verdadeiras histórias — isso é radical. (Para uma explicação detalhada de como fazer isso, veja o capítulo sobre Investigação.)

Imagine-se não se assustando com nenhum sentimento. Imagine-se sabendo que nada irá destruí-la. Que você está além de qualquer sentimento, qualquer sensação. Maior. Mais vasta. Nenhuma razão para usar drogas porque qualquer coisa que a droga possa fazer nada é quando comparada a quem você sabe que é. Com o que você pode saber, entender, viver, ficando apenas com o que se apresenta a você na forma dos sentimentos que você tem quando chega em casa à noite vinda do trabalho.

A quarta alternativa: aceitar a situação. Abandonando a resistência em fazer trabalho pesado. Entendendo que é assim que as coisas estão agora e mantendo-se vigilante para prender sua atenção no momento presente.

A aceitação representa o desafio básico da alimentação emocional. O motivo por que não tem nada a ver com peso. Porque as pessoas perdem quatro quilos e ainda se sentem uma droga.

A falta de aceitação e a infelicidade da advogada são sinônimas. Ela pressupõe — confia totalmente nisso — que, ao tornar-se Alguém Especial, não irá mais sentir-se em desvantagem e não será mais assombrada pelo vazio. Eu também pensei assim. Milhões de vezes. É a canção *Quando Eu Emagrecer...* (*Mudar de Emprego...*, *Começar um Relacionamento...*, *Terminar o Relacionamento...*, *Tiver Dinheiro...*). É o velho refrão *Se Ao Menos*. Chama-se adiar sua vida e sua capacidade de ser feliz para uma data futura, quando então, ah, então, você finalmente terá o que deseja e a vida será boa. Eu poderia escrever um livro (Ãhn...

acho que já escrevi) a respeito de todas as histórias que ouvi de pessoas que perderam peso e continuavam a sentirem-se péssimas. Que conseguiram o que achavam que queriam e ainda assim a felicidade lhes escapava. Porque — sim, eu sei que isso é um clichê mas é um clichê porque é verdade — a felicidade ou a infelicidade não são funções do que você tem, da sua aparência ou do que você alcança. Não sinto orgulho em dizer que já me senti péssima em qualquer lugar, com qualquer coisa, com qualquer pessoa. Já me senti absolutamente infeliz no meio de milhares de girassóis em um campo no sul da França em meados de junho. Já me senti absolutamente infeliz pesando 45 quilos e usando calças tamanho 34. E já me senti feliz usando tamanho 56, sentada com meu pai moribundo e sendo telefonista.

Não tem nada a ver com o peso. Não tem nada a ver com o objetivo. Não tem nada a ver com Ser Magra ou Ser Alguém Especial ou Chegar Lá. Isso é fantasia da nossa cabeça — e está toda no futuro, um futuro que nunca chega. Porque quando você atingir seus objetivos, eles serão atingidos no momento certo. E no momento certo, você ainda será você, fazendo as mesmas coisas que faz agora. Você vai se levantar. Caminhar. Fazer o canal do dente. Abrir a porta da geladeira. Dormir. Sentir-se feliz. Sentir-se arrasada. Sentir-se solitária. Sentir-se amada. Irá envelhecer. Morrer.

Não é, porém, que NÃO se trate de peso, porque se você usar a comida como droga, e continuar se enganando com o Problema de Peso, logo vai precisar cuidar do seu peso para poder se levantar, caminhar, abrir portas, dormir, sentir-se feliz, sentir-se arrasada, sentir-se amada, ficar velha, morrer — com atenção, sinceridade, presença. Se você continuar martelando em outro problema e ignorar o frescor da própria vida, tudo o que vai conseguir ver é o que estiver martelando. Você não pode ignorar um problema só porque fabricou esse problema.

Em algum momento, passará a girar em torno do peso. Quando você não consegue viver sua vida com tranquilidade, o peso em si precisa ser cuidado. Não tanto que você possa tornar-se magérrima. Não tanto que você possa ter na cabeça uma imagem que não tem nada a ver com seu corpo, com sua idade, com sua vida. Você precisa cuidar do peso porque, se não cuidar, não vai conseguir viver. Você se arrasta de um lugar para outro, sem fôlego. Ficar sentada é doloroso. Andar de avião é uma tortura. Ir ao cinema é um desafio. Você fica tão preocupada com o problema que criou que a sua vida fica pequena e seu foco se estreita. A vida passa a girar em torno das limitações. O que você pode e o que não pode. Quanto você consegue esconder. Quanta vergonha você sente de si mesma. Você anula suas sensações, abandona o mundo dos sons, da cor, do riso, em troca de uma realidade que você mesma criou. Se continuar usando a comida como droga, sua vida passará a girar em torno do peso, você perderá tudo o que não estiver relacionado ao seu Problema de Peso. Você morrerá sem nunca ter vivido.

Aqui está a carta que escrevi para Ninguém Especial, a advogada que está esperando tornar-se Alguém Especial e, enquanto isso, está criando um Problema de Peso:

> Parece que você escolheu essa carreira e por isso todos os encargos da carreira. Você consegue aceitar isso? Não com resignação, que é como as pessoas definem aceitação. Não como vítima: "Coitadinha de mim!"; "Não posso fazer nada a não ser aceitar a situação!", mas com a disposição de parar de definir suas tarefas como meio

para chegar a um fim e, em vez disso, habitar o que você mesma escolheu. E se isso é exatamente o que você deveria estar fazendo porque *É* o que você está fazendo? E se cada tarefa corriqueira tiver a ver com aperfeiçoamento e você não perceber isso porque está em busca de outra coisa?

É como lavar pratos. Se você concentrar-se nos pratos para que a cozinha fique limpa, não perceberá o que acontece entre a sujeira e a limpeza. A temperatura da água, as bolhas do detergente, os movimentos da sua mão. Você não percebe a vida na zona intermediária — entre o agora e o que você acha que deveria ser sua vida. E quando você não percebe esses momentos porque preferiria estar fazendo outra coisa, está deixando passar sua própria vida. Esses momentos se foram. Você jamais irá recuperá-los.

Mesmo quando você se torna Alguma Coisa porque esses momentos estavam certos, você estava indo a Algum Lugar, mesmo quando você chega a ser Alguém porque você está no lugar aonde estava indo, sua vida pode não melhorar se você não aprender a ficar desperta e viva AGORA, para aproveitar esse momento pelo que é. É tão fácil ser infeliz quando você é Alguém Especial quanto quando você não é Ninguém Especial. Porque mesmo Alguém Especial ainda tem de viver em sua própria pele e lidar com o tédio, a rejeição, a solidão, a decepção. Até mesmo Alguém Especial vai para casa à noite e faz o que os Ninguéns fazem: dormem sozinhos. Você também pode aprender a prestar atenção ao agora. Aprender como habitar a vida que você escolheu, como ocupar cada centímetro da sua pele. Ocupar o espaço desse corpo que lhe foi dado. É seu lugar. Só seu.

A escritora Annie Dillard diz: "A maneira como você passa seus dias é a maneira como você passa sua vida.". Seja honesta, sem titubear. Pergunte a si mesma como você quer passar os seus dias. Já que você terá de revisar documentos de qualquer maneira, por que não ficar atenta à sua respiração e ao relógio enquanto faz isso? O que quer que ofereça, a realidade do seu dia a dia tem de ser melhor do que a infelicidade autoimposta que você está criando por meio das histórias que está contando a si mesma. Tem de ser melhor do que a compulsão noturna e a entrega ao ciclo de aversão por si mesma e promessas de parar de comer tanto.

Volte. Rompa o transe. Preste atenção à sua respiração. Seus braços. Suas pernas. Preste atenção aos sons. Ao barulho da cadeira. Ao zumbido da máquina de xerox. Repare nas cores. O azul do vestido de uma colega de trabalho. A mancha de café na gravata do chefe. Acorde para a vida que está ao seu redor a cada segundo. A cantora Pearl Bailey disse: "As pessoas veem Deus todos os dias; elas só não o reconhecem.". E se todos os dias fossem uma chance de ver uma nova face de Deus? E se o que você precisasse estivesse bem à frente e você não estivesse reconhecendo?

Você já tem tudo de que precisa para estar satisfeita. Sua missão, apesar da escada corporativa que você está subindo, é fazer o que for preciso para perceber isso. E então não terá qualquer importância se você é Alguém Especial ou Ninguém Especial porque você estará viva em todos os momentos — o que é, imagino, tudo o que você queria desde Chegar a Algum Lugar até ser Alguém.

Ou ser magra.

Além do que está avariado

Em algum momento, comecei a acreditar que o objetivo da vida era passar no teste que teria de fazer quando eu morresse. No momento em que suspirasse pela última vez, haveria uma sessão de tribunal em que eu seria obrigada a rever minha vida. Dada minha propensão a pegar o maior pedaço de tudo e acumular uma grande quantidade de brincos quando boa parte do mundo vivia com menos de um dólar por dia, não haveria dúvida quanto ao veredito: eu iria para o inferno. A menos, é claro, que passasse o resto dos meus dias de vida tentando ser altruísta e andando sem maquilagem como a Madre Tereza. Ou, no mínimo, distribuísse todas as minhas posses materiais e vivesse em uma casa feita de grama em um colchão de fibras naturais, usando roupas fabricadas com garrafas recicladas e me alimentando com uma dieta à base de microrganismos benéficos que vivem na sujeira.

Quando encontro as pessoas que vêm para meus retiros pela primeira vez, vejo essas mesmas crenças canalizadas por meio da relação com a comida. Como se o castigo com dietas rigorosas fosse compensar por algo intrinsecamente danificado, fundamentalmente errado em sua própria existência. Ficar magro torna-se **O Teste**. Perder peso torna-se sua religião. Elas devem sofrer humilhações e tormentos, devem submeter-se a uma sucessão interminável de privações alimentares e então, e somente então, serão puras, serão santas, serão salvas.

Quando estava nos Vigilantes do Peso, no início da década de 1970, fiquei na casa de um amigo durante uma semana. Eles sentavam para comer bolo de carne com purê de batata e eu sentava para comer o que estivesse em minha dieta. Certa noite, jantei o que havia sobrado do dia: molho de tomate frio — o fogão não era uma das minhas especialidades — com ricota. Estava comendo meu jantar quando meu amigo Alan perguntou:

— É isso mesmo o que você quer comer? Molho de tomate frio com um pedaço de queijo frio?

— Sim. — eu disse. — É claro!

A verdade, porém, era que eu não tinha opção. Não podia comer o que queria. *Não podia querer o que eu queria.* Precisava me sacrificar, expiar, compensar por ser eu mesma. Por ser gorda.

A parte mais difícil ao ensinar as pessoas a se respeitarem e ouvirem seus corpos é superar a convicção delas de que não há nada para respeitarem. Elas não conseguem encontrar um lugar nelas mesmas que esteja inteiro ou intacto. Assim, quando elas me escutam dizer para relaxar, quando me escutam dizer para confiar nelas mesmas, sentem-se como se eu estivesse lhes pedindo para se atirarem aos lobos. Banindo-as para a ruína feroz e selvagem. A possibilidade de que haja um lugar dentro deles, em todo mundo, que seja inviolável, que jamais engordou um quilo, jamais sentiu fome, jamais foi ferido, parece algo tão mitológico quanto a rainha sumeriana Inanna, que desceu aos infernos e voltou à Terra.

Então eu lhes pergunto sobre o tempo de bebês. Peço que se lembrem das próprias crianças e de como elas vêm ao mundo lindas e merecedoras de amor. Elas acenam com a cabeça. Percebem que a fratura é aprendida, não é inata, e que seu trabalho é descobrir o caminho de volta para o que já está inteiro.

Alguns meses atrás eu *perdi* meu rosto. Acordei uma manhã e descobri que tinha sido substituído por um globo do tamanho de uma bola de praia, um buraco ondulado debaixo do meu nariz que antes era conhecido como minha boca, e duas saliências inchadas embaixo da minha testa, através das quais as fendas dos meus antigos olhos podiam ver. Protuberâncias vermelhas, que foram procriando enquanto eu observava, ocupavam a área em que vivia minha pele até recentemente. Apesar de saber imediatamente que estava tendo uma reação alérgica a alguma substância desconhecida, também ficou evidente que não se tratava apenas de uma preocupação com a aparência, era grave mesmo.

E como o retiro estava no segundo dos seus seis dias, e uma vez que sua localização remota tornava impossível sair para receber atendimento médico e voltar a tempo de próxima sessão, não havia nada a fazer senão passar a semana enfrentando uma centena de pessoas sem meu rosto.

No terceiro dia, os olhos tinham dobrado de tamanho em relação ao dia anterior e as protuberâncias pareciam ferrões de milhares de abelhas. No quarto dia, eu só consegui abrir um dos olhos.

— É difícil olhar para mim? — perguntei a um dos meus co-professores.

— Sim. — ele disse.

— Pareço deformada?

— Ã-hã. Como o Homem Elefante,* mas só quando olhei para você pela primeira vez. Depois me acostumei. — respondeu.

Gostaria de dizer que aceitei minha nova aparência com equanimidade magnânima e serenidade de Buda, porém, minha predileção constitutiva pelo drama e a histeria me arrastou para esse caminho batido. Eu tocava meu rosto a cada 30 segundos para ver se havia melhorado; causei a mim mesma imenso sofrimento, recusando-me a acreditar que aquilo estava acontecendo. Eu queria meu rosto de volta. AGORA. Não era justo. Não que eu discordasse da ideia de perda. Ou de que certas perdas — a morte, por exemplo — faziam parte da vida..., mas perder meu rosto? Isso já era demais.

* Protagonista do filme de mesmo nome, dirigido por David Lynch. O Homem Elefante era portador do caso mais grave de neurofibromatose múltipla já registrado até o momento, tendo 90% do seu corpo deformado. Essa situação tendia fazer com que ele passasse toda a sua existência se exibindo em circos como um monstro. (The Elephant Man, 1980).

Quando eu via alguma coisa respirando — uma pessoa, um cachorro, uma lagartixa —, eu pensava: "*Você ainda tem seu rosto, do que poderia reclamar?*". Pensei em todas as pessoas com deformações no rosto. No verdadeiro Homem Elefante. Pensei: "*Se conseguir ter meu rosto de volta, vou dar mais valor às maçãs do meu rosto. Nunca mais vou reclamar das minhas rugas, nunca mais terei um pingo de desprezo pelas manchas de sol, com as rugas e seus filhotes. Vou acordar todas as manhãs e saudar minha fisionomia com entusiasmo e gratidão, como se fosse um milagre tão grande quanto o nascimento sem mácula.*".

E então, lentamente, porque eu estava coordenando um retiro sobre o olhar para além da superfície das coisas, comecei a perceber que não havia nada de errado. O reconhecimento foi relutante no início, como se eu fosse uma criança de três anos de birra porque perdeu sua boneca favorita e que gostou de fazer escândalo apesar de a ter encontrado. Eu habitava meu infortúnio como um casaco gasto. Porque podia. Porque sabia como. Porque me fez companhia durante os primeiros anos. No entanto, quanto mais eu percebia que não podia mais usar meu rosto como logotipo — centro de tudo o que me fez ser o que sou —, mais livre eu me sentia. Sem meu rosto, minha identidade se desfez. Quando eu não podia mais fingir ser Alguém Especial, quando eu não podia mais coagular as diferentes partes de mim mesma em uma máscara que parecia coesa e com o controle das coisas, um frescor inesperado passou pela porta.

Foi como naquelas ocasiões em que eu não conseguia dormir e ficava rolando na cama, suada e com calor, girando em um nó de atividade mental febril. Um pensamento entra como uma prece. "Vá lá fora. Saia pela porta da frente e olhe para o céu. Só por um minuto. Ouça a noite." Se conseguir me levantar do transe hipnótico do que está errado, visto uma blusa, vou até a porta e entro na abóbada da noite. Frio. Silêncio. Milhões de pontos brilhantes. O coração bate uma, duas, três vezes. A mente descarta o frenesi, funde-se com a imensidão. Maravilhada com um mundo que não tem qualquer semelhança com aquele de dez minutos atrás, aquele que vivo construindo em minha cabeça, volto para a casa como se eu também fosse um pontinho de brilho da dimensão ilimitada, andando por um corredor estranho, desaparecendo a cada passo, até voltar a pegar no sono.

Quando chegou a hora de eu dar uma palestra, a fala apareceu. Tudo o que precisava acontecer — sentir rir chorar pensar dormir sentar andar comer experimentar engolir — aconteceu sem que meu rosto melhorasse. Algo que normalmente não uso para me referir a mim ainda estava lá, embora o aparato físico que costumava associar a mim tivesse desaparecido. "*O blá-blá-blá espiritual é isso*", pensei. Essa presença inquebrantável, essa integridade sem provas. É isso o que deve ficar depois que tudo o que pode morrer se vai e tudo o que pode ser perdido desaparece.

Como eu já estava no retiro, decidi usar meu rosto como parte das aulas. Perguntei às minhas alunas o que viam quando olhavam para mim. Elas acreditavam que ainda era eu sem meu rosto? O que eu mais queria era que usassem suas reações como forma de explorar as crenças em relação aos próprios corpos. Se engordassem cinco quilos, se os braços não fossem como elas queriam que fossem, ainda seriam elas mesmas? Além da história criada em suas mentes sobre a maneira como deveriam ser, a maneira como queriam que fossem, a maneira como precisavam ser para que fossem felizes, havia alguma coisa errada? O que permanecia quando perdiam suas ideias sobre o que acreditavam que não podiam viver sem?

Meses antes, tínhamos feito um exercício de espelho juntas. Pedi a cada uma delas que caminhasse até um espelho de corpo inteiro e dissessem o que via. As ladainhas com os julgamentos eram muito parecidas. "Vejo coxas monstruosas." "Vejo um cabelo liso chapado." "Vejo um horrível queixo duplo." "Vejo braços pendurados." "Vejo celulite — é horrível — aparecendo através da calça." "Não aguento o que estou vendo. Não consigo olhar para mim mesma." *Meu corpo e eu somos um. Não há nada de bom em relação ao meu corpo e por isso não há nada de bom em relação a mim.*

Então pedi que olhassem de novo para seus corpos, começando com os olhos. Pedi que vissem além da cor e do formato dos olhos e vissem o que estavam vendo. Para as pessoas que não entendiam essa parte do ver o que estavam vendo, pedi que lembrassem, mesmo que por um instante, como era no tempo de criança, antes de começarem a colocar rótulos e nomes nos objetos do mundo. Como era ver um espetáculo de forma, cor e cheiro antes de saberem que era uma rosa e pudessem compará-la com outras rosas. Como era descobrir um tesouro, qualquer tesouro — uma pedra, o mar, a mão da mãe — antes de aprenderem a descartá-lo como algo que já conheciam.

Todas compreenderam imediatamente o que eu dizia, como se estivesse usando uma linguagem secreta pela qual esperavam, sem perceber que a esperavam. Quando caminharam na direção do espelho, usaram palavras como brilho, preciosa, expansão.

— Vejo encantamento. — disse uma.

— Vejo inocência. — disse outra.

As pessoas começaram a ver beleza e encanto e uma festa de cores e formas ao olharem para seus rostos, para as pernas que as conduziam, os braços que seguravam seus filhos. Uma das mulheres, depois de uma profusão de adjetivos que beiravam o êxtase sobre seu corpo (e o que era ver seu corpo), disse para mim:

— Geneen! Você está me hipnotizando?

Ela não se lembrava, em toda a sua vida adulta, de ter olhado para si mesma com outro sentimento senão desdém.

Eu disse a ela que acreditava que ela já havia sido hipnotizada — e que se odiar era o resultado disso.

Em nosso retiro Sobre o Rosto, a maioria das pessoas disse que não havia reparado no meu rosto por mais do que um momento passageiro. Um rosto, ao que parece, é apenas o ponto de entrada do que está além. Para o que uma aluna chamou de "a essência". (Nem todas foram tão elevadas. Uma delas disse: *"Ah, eu estava me perguntando por que você parecia tão descomposta e velha."*.)

— E é assim que vocês se sentem em relação aos seus corpos? Que é o ponto de entrada para o que está além? Para alguma espécie de essência? — perguntei.

— Não muito. Na verdade, não. De jeito nenhum. Você está brincando?

Alguém disse:

— E se eu estiver perdendo a parte essencial? E se eu estiver totalmente quebrada?

— Não é possível — eu disse a ela.

Então contei a ela a história do Dervixe Sufi* chamado Mullah Nasrudin, que estava contrabandeando o tesouro pela fronteira e enganando os guardas. Todos os dias, durante quatro anos, ele ia e voltava, e cada vez que a cruzava, os guardas sabiam que ele estava escondendo mercadorias valiosas que venderia por somas aviltantes do outro lado. Apesar de todas as buscas, porém, e apesar do fato de verem que ele estava prosperando, não conseguiam encontrar nada na sela do burro que levava. Finalmente, anos mais tarde, depois de Nasrudin ter-se mudado para outro país, o guarda da fronteira disse: "*Está certo, pode me dizer agora. O que você estava contrabandeando?*". Nasrudin abriu um grande sorriso. "*Meu caro amigo*", ele disse, "*eu estava contrabandeando burros.*".

Está escondido plenamente à vista. O segredo aberto. Todos os dias, estamos em contato com aquilo que não está quebrado, mas estamos tão ocupados prestando atenção aos milhões de detalhes da vida cotidiana que não o percebemos. Podemos lhe dar ou não um nome, ainda está lá. Prestemos ou não atenção, não irá embora.

Pense em uma época em que você foi transportada para além de como você normalmente se define. Quando o tempo parou?

* Manifestação cultural de fundo religioso islâmico, em que adeptos rodopiam ao som de músicas tradicionais. Os dervixes rodopiantes fazem parte da ordem Mevlevi do Sufismo, uma corrente do Islã surgida há 700 anos. Atualmente, perdeu muito de sua essência religiosa, sobrevivendo, sobretudo, por seu valor cultural. Os sufis Mevlevi acreditam que é possível atingir o êxtase do amor universal pela prática do giro, assim como todas as coisas do universo, como a Terra e os demais planetas.

Quando você sentiu os limites da vida comum dissolverem-se e a porta se abrir para outra dimensão? Talvez tenha acontecido apenas uma vez, quando você estava no meio de uma floresta tropical ou deu à luz. Talvez tenha acontecido quando você estava com 20 anos e usava drogas. Talvez aconteça sempre que você está no meio da natureza ou quando, sem razão alguma, você fica feliz. Cinco minutos atrás você arrastava os pés. O sol estava muito quente. Seus filhos berravam, seu chefe gritava e você odiava sua vida. E, de repente, você vislumbra a beleza e é como se alguém abrisse a porta da gaiola e deixasse você sair da máscara de ferro da sua mente. Nada mudou desde o minuto anterior, mas tudo parece completamente diferente.

Entre suas muitas motivações, comer compulsivamente é tentar alcançar, ansiar, tentar contatar o lugar que já está inteiro. Quando você pergunta às pessoas com transtornos alimentares a respeito de suas motivações para procurar a comida, elas dizem coisas como *"Eu quero paz. Sossego. Esquecer de mim mesma por um tempo. Entrar em outra esfera."*.

É como se já intuíssem o que está além das preocupações pessoais e como se usassem a comida para acessá-lo. O que, não é de surpreender, leva à mais dor. Porque, embora a tentativa possa ser honrosa, os meios para alcançá-la causam alienação, isolamento, sofrimento.

Com o tempo, ficamos tão cansados de tentar nos consertar que paramos. Vemos que jamais conseguiremos ficar bem. Jamais conseguiremos ser outra pessoa. E por isso paramos de tentar. Vemos que não há nenhuma meta, nenhum fim, nenhum teste para fazer. Ninguém está marcando os pontos. Ninguém está nos observando e decidindo se somos suficientemente dignos para subir. Como disse uma vez um dos meus professores: *"Você não pode estar preso se não está tentando chegar a lugar algum."*.

Nós acabamos vendo que foi o investimento na fratura, o esforço constante para nos consertar o que exatamente manteve a integridade à margem. Se você acha que seu trabalho vai consertar o que está quebrado, continuará encontrando outros lugares quebrados para consertar. É melhor do que não ter emprego. Especialmente com a atual situação econômica.

De uma das minhas alunas:

> Durante o retiro, percebi o quanto fiz para me compensar por ser eu mesma. O quanto lutei e me esforcei para combater o que acho que está errado. Percebo que ninguém é fundamentalmente avariado — que toda criança nasce com a noção intacta de ser ela mesma —, mas a arquitetura do meu sistema nervoso parece estar inclinada para certa direção: eu tenho de compensar o fato de ser quem sou. Não posso dar ouvidos aos meus impulsos porque se eu (a avariada) os estou tendo, eles devem estar avariados. E assim, tenho de fazer exatamente o que não quero porque, se é duro, se eu sofro, deve ser a coisa certa. A dificuldade e o sofrimento irão de alguma maneira limpar minha ficha, consertar o estrago.
>
> Muito da minha vontade de "despertar" veio do desejo de ser boa. Como se houvesse uma grande mãe no céu olhando o que faço e me dando estrelas douradas por levantar todos os dias e meditar. Por me esforçar tanto e durante tantos anos. Sinto como

se precisasse descobrir o que estou fazendo pela minha autoexpressão, e o que estou fazendo pelo meu desenvolvimento. O que estou fazendo porque é importante e o que estou fazendo para ter algo que não acredito que tenha, ou para ser alguém que não acredito que seja.

Estou tão cansada dessa busca — sem encontrar nada — que estou desistindo. É assustador dizer isso. É como quando desisti das dietas. Eu me senti como se estivesse cometendo uma heresia anunciando ao mundo e a mim mesma que podia confiar em mim. Agora é uma desistência diferente: é uma tentativa de compensar por ter nascido quem sou. Mas estou preparada. Sinto nos ossos. Eu já não acredito que esteja quebrada. Ou que, se estou, não exista uma maneira de consertar.

De uma coisa tenho certeza: alguma coisa acontece sempre que paro de brigar com o jeito como são as coisas. Alguma coisa acontece a todas as minhas alunas quando interrompem os programas familiares sobre medo, deficiência e vazio. Não sei que nome dar a essa mudança nos acontecimentos ou ao frescor que vem em seguida, mas sei qual é a sensação: alívio. É uma sensação de bem-estar infinita. Como se todas as fragrâncias doces estivessem sendo destiladas, toda a beleza se tornasse estonteante, todas as boas melodias que você já ouviu ressurgissem. Parece a essência da compaixão, da ternura, da alegria, da paz, da noite estrelada, do dia deslumbrante. Como o próprio amor. E no momento em que você o sente, reconhece que você é ele e que você esteve aqui o tempo todo, esperando pela sua volta.

Quando você esquece, o que sempre acontece, você subitamente entende que a gentileza com quem quer que seja — uma planta, um animal, um estranho, um parceiro — aproxima você disso. Que tomar conta do seu corpo é tomar conta disso. Que tomar conta da terra é tomar conta disso. E que você daria as costas para qualquer coisa ou qualquer pessoa que lhe pedisse para deixar isso, porque é o que você queria, era o que você desejava, é o que você amou por uma eternidade. Você sabe sem saber como sabe que todos os passos que você já deu, todas as pessoas que você já amou, e todas as tarefas que já realizou foram Isso encontrando Isso. Você voltando para si mesma. E que o inferno nada mais é do que deixar Isso. O paraíso já está aqui na Terra.

Reensinando a graça

Quando eu estava no colegial, costumava sonhar que tinha as pernas de Melissa Morris, os olhos de Toni Oliver e o resto do corpo de Amy Bryer. Gostava da minha pele, dos meus seios, dos meus lábios, mas o resto não tinha jeito. Então, com vinte e poucos anos, sonhei que estava cortando pedaços das minhas coxas e braços, como quando você destrincha um peru, com a certeza de que se eu pudesse cortar o que estava errado, só as partes boas — as partes bonitas, as partes magras — ficariam.

Eu acreditava que havia uma meta, um lugar aonde eu chegaria e finalmente encontraria a paz. Também acreditava que, para chegar lá, tinha de me julgar e me envergonhar e me odiar, também acreditava em dietas.

As dietas baseiam-se no receio não verbalizado de que você é uma louca, uma terrorista alimentar, uma lunática. Com o tempo, você destruirá tudo o que ama e por isso precisa ser parada. As dietas prometem não apenas que você terá um corpo diferente, mas que, tendo um corpo diferente, terá uma vida diferente. Se você se odiar bastante, irá se amar. Se você se torturar bastante, irá se tornar um ser humano relaxado e pacífico.

Embora a noção de que o ódio leva ao amor e de que a tortura leva ao relaxamento seja absolutamente maluca, nós nos deixamos hipnotizar para acreditar que o fim justifica os meios. Nós nos convencemos, e ao resto do mundo, de que a privação, a punição e a vergonha levam à mudança. Tratamos nosso corpo como se fosse o inimigo, como se o único resultado aceitável fosse a aniquilação. Nossa crença profundamente enraizada é que o ódio e a tortura funcionam. E apesar de nunca ter conhecido alguém, nem uma única pessoa, para quem a guerra com o corpo tenha levado a uma mudança duradoura, continuamos a acreditar — embora inconscientemente — que, com um pouco mais de autoaversão, vamos vencer.

Uma apresentadora de TV uma vez me perguntou como as pessoas poderiam mudar sua relação com a comida. Quando respondi que o entendimento era o primeiro passo, ela disse: — É isso? Só isso? Devemos acreditar que a mudança acontece quando nos entendemos?.

Sim, como primeiro passo. Porque até que você entenda quem você acha que é, a verdadeira mudança não é possível. Mesmo que você tenha muita sorte e consiga absolutamente tudo o que acha que quer, ainda se sentirá infeliz e miserável. E gorda.

Você pode ter muito dinheiro ou amor ou coxas magras e ainda assim sentir-se como se estivesse separada de tudo o que é bom na vida. Apesar das circunstâncias atuais, suas crenças mais profundas irão sempre — 100% do tempo — reconfigurá-la de acordo com os padrões familiares que você associa a si mesma. É impossível continuar a ser magra. É irreal ter o que você quiser. Quando alguém realmente a amar, você não lhe dará importância. Dirá que não é atraente, que é uma pessoa rasa, tonta. Você se sentirá como uma impostora vivendo a vida de outra pessoa. E mais uma vez vestirá a pele e a vida da falta de amor, da maneira que achar mais familiar.

Até você *entender* que está caminhando para o dano e a destruição, para um casamento com a alimentação emocional e todos os seus problemas, até perceber que está insistindo nisso, mesmo que inconscientemente, nenhuma mudança será duradoura porque você estará trabalhando contra suas tendências naturais. Você estará atropelando suas convicções mais profundas sobre o que é estar vivo.

A forma do seu corpo obedece à forma de suas crenças a respeito de amor, valor e possibilidade. Para mudar seu corpo, você precisa primeiro entender o que o está moldando. Não lutar. Não forçar. Não excluir. Não se envergonhar. Não fazer nada, mas aceitar — e, sim, Virgínia — *entender*. Porque se você forçar-se, excluir-se e envergonhar-se para ser magra, acabará sendo uma pessoa excluída, envergonhada, temerosa, que também será magra por 10 minutos. Quando você abusa de si mesma (insultando-se e ameaçando-se), você se torna um ser humano ferido, independentemente do seu peso. Quando você se demoniza, quando incita uma parte de você contra outra — sua vontade férrea contra sua fome insondável —, você acaba se sentindo dividida, maluca, temerosa de que a parte que você trancou irá, quando estiver menos preparada, tomar conta e arruinar sua vida. Perder peso obedecendo a um programa de dieta — se fosse por sua vontade, você devoraria o universo — é como construir um arranha-céu na areia: sem alicerces, a nova estrutura desaba.

A mudança, para ser duradoura, deve ocorrer primeiro nos níveis não vistos. Com entendimento, questionamento, abertura. Com a compreensão de que você come do jeito que come para se manter viva.

Digo às minhas alunas nos retiros que há sempre, sempre, razões muito boas para se voltarem para a comida. A menos que assumam que são fundamentalmente sãs e que o que estão fazendo faz todo o sentido — e que sua meta é descobrir os padrões não verbalizados, não vistos, desconhecidos —, estarão em guerra com elas mesmas independentemente do seu peso. Nós nos concentramos na guerra, não no peso, porque se a crença nela se desfizer acontecerá o mesmo com o peso.

Nosso trabalho não é mudar o que você faz, mas testemunhar o que você faz com consciência, curiosidade e ternura suficientes para que as mentiras e velhas decisões sobre as quais a compulsão se baseia venham à tona e desapareçam. Quando você não acreditar mais que a comida irá salvar sua vida, quando sentir-se cansada, oprimida ou solitária, você vai parar. Quando acreditar mais em você mesma que na comida, vai parar de usar a comida como sua única chance para não desmoronar. Quando a forma do seu corpo não for mais compatível com a forma das suas crenças, o peso desaparece. Sim, é simples assim.

Você vai parar de voltar-se para a comida quando começar a entender em seu corpo, não apenas com a cabeça, que há algo melhor do que a comida. E dessa vez, quando você perder peso, conseguirá manter a nova forma.

A verdade — e não a força — realiza o trabalho de acabar com a alimentação emocional.

A consciência — e não privação — informa o que você come.

A presença — e não vergonha — muda como você se vê e no que você confia.

Quando você parar de lutar, de sofrer, de girar em torno da comida e do seu corpo; quando você parar de manipular e de controlar; quando você relaxar e ouvir a verdade do que está lá; algo maior do que seu medo alcançará você. Com experiências repetidas de abertura e tranquilidade, você aprende a confiar em algo infinitamente mais poderoso do que um conjunto de regras que alguém inventou: seu próprio ser.

O poeta Galway Kinnel escreveu: *"Às vezes, é necessário reensinar a uma coisa sua graça."*.

Tudo o que fazemos, eu digo à minhas alunas, é reensinar a nós mesmas nossa graça.

Depois que parei de seguir dietas e meu peso normalizou, algumas das crenças que alimentam minha relação com a comida ressurgiram na busca incansável para ter sucesso e na incapacidade para descansar ou sentir satisfação com o que eu fazia, tinha ou amava.

Não importava o que eu pensasse ou fizesse ou escrevesse, eram os pensamentos errados, os livros errados. Se eu estava infeliz, se estava desejando algo que não tinha, se alguém tivesse (o que quer que fosse) e eu não, eu sabia quem eu era.

Onde os outros viam aurora, eu via perdição. Onde viam amor, eu via tédio. Onde viam paz, eu via asfixia. O contentamento me deixava nervosa. A felicidade me deixava ansiosa de uma maneira que eu não conseguia explicar. Esquecer a angústia, porém, era como esquecer o mundo que eu conhecia. Era como se eu estivesse traindo a criança que havia crescido desesperada, gorda e solitária.

Quando meu casamento tácito com a infelicidade começou a emergir por meio das práticas que descrevo no livro,* eu já estava casada com Matt havia 20 anos, dando aulas havia mais de três décadas e tinha conquistado um sucesso financeiro maior do que 99% do mundo. Olhando para mim, você jamais saberia o que estava por baixo da superfície, mas, de repente, me vi olhando para meu marido e pensando: "*Quem é você? Odeio essa calça, a maneira de você mastigar o cereal e por que foi que eu me casei com você?*". Então, olhei em volta para os meus amigos, minha comunidade, minha vida e parecia que não estava em minha própria pele.

Quando você acredita sem saber, acredita que está com o âmago machucado, você também acredita que precisa esconder essa avaria de quem você ama. Você circula com vergonha de ser

* Ver 2ª Parte do livro.

você mesma. Você tenta compensar sua aparência, sua maneira de andar, sentir. Tomar qualquer decisão é uma agonia porque se você, a pessoa que toma decisões, está sem condições de fazer isso, então, como pode confiar no que decide? Você duvida de seus próprios impulsos e por isso adquire a habilidade de olhar para fora de você em busca de conforto. Você se especializa em encontrar especialistas e programas, em tentar tudo e cada vez mais para se modificar, mas esse processo só reafirma o que você já acredita em relação a você mesma — que suas necessidades e escolhas não são confiáveis e que se você ficar por sua própria conta estará fora de controle.

As dietas são um retrato da sua crença de que você tem de corrigir o fato de ser você mesma para merecer existir. Elas não são a origem dessa crença, são apenas uma expressão dela. Até que a crença seja identificada e questionada, nenhuma perda de peso tocará a parte que está danificada. Estar acima do peso, uma vida de sofrimento com comida, encaixa-se perfeitamente na definição que você formou sobre o que é estar viva. Para você, fará todo o sentido o fato de que o ódio leva ao amor e que a tortura leva à paz, porque você estará operando com a convicção de que deve morrer de fome, privar-se e se punir para tirar a maldade que está em você. Você não conseguirá manter a perda de peso porque estar com seu peso natural não bate com suas convicções sobre a maneira como a vida precisa transcorrer. Quando, porém, a crença e as decisões subsequentes são questionadas, as dietas e o desconforto com seu corpo perdem sua sedução. Só a compaixão faz sentido. Todo o resto é torturante.

Você não é um erro. Você não é um problema a ser resolvido, mas você não vai descobrir isso até estar disposta a parar de bater a cabeça contra o muro da vergonha, da prisão e do medo. O poeta sufi Hafiz, escrevendo sobre pássaros que aprendiam a voar, concluiu: "*Como eles aprendem? Eles caem e, caindo, ganham asas!*".

Se você esperar até ter os olhos de Toni Oliver e o corpo de Amy Bryer, se você esperar para se respeitar até estar com o peso que você imagina que precisa ter para se respeitar, você nunca se respeitará, porque a mensagem que estará dando a si mesma enquanto tenta alcançar seu objetivo é a de que você não tem condições para confiar em seus impulsos, seus desejos, seus sonhos, sua essência — com qualquer peso.

Uma aluna do retiro escreveu:

> As mudanças no meu corpo (perdi 11 quilos e isso é o mínimo) não mostram as mudanças na minha vida. É uma jornada resoluta de lembranças... Sentindo-me viva em vez de caminhar como uma morta-viva... Realmente viver momentos maravilhosos, gloriosos, de verdadeira alegria (e não costumo usar essa palavra com frequência)... Sentir orgulho, força e esperança, quando consigo ficar com meus sentimentos em vez de ligar o piloto automático e me atirar na comida... Quando consigo me tratar com gentileza e compaixão, em vez de me sentir como um saco de pancada... E o meu maior tesouro: ser capaz de sentir amor por mim mesma — e com esse amor, por meus filhos, meu parceiro, as pessoas nas ruas.
>
> Durante tantos anos, eu soube como era importante me amar, mas só conseguia acessar essa ideia por meio do meu intelecto, nunca com meu coração.

Ou você se dispõe a acreditar na compaixão ou não. Ou você se dispõe a acreditar na sanidade básica do seu ser ou não. Para receber asas, você precisa estar disposta a acreditar que foi colocada neste mundo por algo mais do que sua interminável tentativa de perder os mesmos 15 quilos trezentas vezes durante oito anos. E essa compaixão e beleza são possíveis, mesmo em algo tão mundano quanto o que você põe na boca no café da manhã. Começando agora. Em seu romance *Run*, Ann Patchett escreve: "*Que vergonha seria não enxergar Deus enquanto está esperando por Ele.*".

Quando você dá os primeiros passos, quando você começa a tratar-se com a compaixão que só as pessoas magras ou perfeitas merecem, descobre que o amor não a abandonou.

2ª Parte

Práticas

Tigres na mente

Não importa quanto você tenha se desenvolvido em qualquer outra área da sua vida, não importa no que diz acreditar, não importa quão sofisticada ou esclarecida pense que é: a maneira como você come diz tudo.

Triste, mas pense desta maneira: o desejo de comer quando você não está com fome revela aquilo em que você realmente acredita no que diz respeito à vida aqui na Terra — sua armadura de crenças em relação aos sentimentos, sofrimentos, recebimentos, cuidados, à abundância, ao descanso, a ter o bastante. E, ao saber em que acredita, pode começar a questionar se é verdade.

No momento em que você pega a batata frita para esquecer o que sente, você está dizendo: "*Não tenho escolha a não ser me entorpecer. Algumas coisas não podem ser sentidas, entendidas ou elaboradas.".* Você está dizendo: "*Não existe possibilidade de mudança, por isso é melhor comer.".* Está dizendo: "*Sou basicamente falha, por isso é melhor comer.".* Ou ainda: "*A comida é o único prazer verdadeiro na vida, por isso é melhor comer.".*

Quando você começa a questionar suas crenças fundamentais, você simplesmente não tenta mais consertá-las, mudá-las ou melhorá-las. Você respira fundo e, depois, respira de novo. Você percebe sensações no seu corpo: se há formigamento, pulsação, calor ou frieza. Você percebe o que sente e mesmo que tenha sempre chamado esse sentimento de tristeza fica curiosa, como se não houvesse palavra relacionada a ele; nenhum rótulo; como se fosse a primeira vez que você o encontrou. Seria um monte de cinzas no seu peito? É como um buraco no seu coração? Quando você o percebe, ele muda?

Esse tipo de questionamento cria uma ponte entre o que você acha que é e o que você realmente é. Entre o que você diz a si mesma com base nas histórias do seu passado e o que você sente com base na sua experiência direta. Permite que você distinga entre os velhos padrões familiares e a verdade viva atual.

Passei anos fazendo terapia, anos praticando vários tipos de meditação. Eu sabia como ficar remexendo nas feridas da minha infância e sabia como transcendê-las, como curar a dor de ser abusada e como entrar em contato com a parte de mim que jamais sofreu abuso. Quando, porém, eu terminava a meditação e o passeio pelo reino dos céus, eu voltava para o dia a dia do mundo da minha personalidade como se os dois não tivessem qualquer ligação. Embora a transição fosse um dos benefícios prometidos pela meditação, eu não estava conseguindo. Se ficasse no meio de uma discussão, meus 30 minutos diários de serenidade eram imediatamente substituídos por meus defeitos e crenças enraizadas: "Não confie em ninguém."; "O amor machuca."; "Deus é uma armadilha."; "Se eu não conseguir agora, não sobrará nada pra mim.".

Meditar era me ensinar a transcender minha vida, mas eu queria aprender a vivê-la. E queria, como disse William James, fazer isso *"de maneira esplendorosa e começando agora. Sem exceções".*

Assim, tornando-me aluna de uma escola espiritual não confessional, aprendi a perguntar. Minha professora, Jeanne Hay, disse: *"Você está se esforçando demais, está trabalhando muito, está fazendo terapia há muito tempo. Em vez de tentar mudar tudo, comece a perceber o que já está aqui. Preste atenção ao que você já sente. Tristeza. Tédio. Felicidade. Fome. Infelicidade. Êxtase."* Ela disse que se eu ficasse curiosa a respeito dos pedaços de objetos voadores (como ela se referia às minhas velhas crenças) que estavam ocupando minha atenção, eles iriam mudar, abrir, dissolver-se.

Não acreditei nela no início. Esse tipo de questionamento exige que você incorpore completamente um sentimento, e eu pensava, como pensam agora minhas alunas, que mergulharia na tristeza, seria consumida pela raiva. E pensava que manter os sentimentos afastados era o que me permitia funcionar e que, se praticasse o questionamento, eu não conseguiria aguentar.

Acontece, porém, que estar com os sentimentos não é a mesma coisa que se afogar neles. Com consciência — a habilidade para saber o que você está sentindo — e presença — a habilidade para habitar um sentimento enquanto sente aquilo que é maior do que o sentimento —, é possível estar em contato com o que você acredita que irá destruí-la sem ser destruída. É possível estar com grandes vagas de sentimentos como dor ou pânico. Pequenas ondas de sentimentos como tristeza ou irritação.

O caminho da obsessão em busca de sentimentos de luminosidade não tem nada a ver com curar, com crianças feridas ou com sentir cada pedacinho de raiva ou dor que nunca sentimos para podermos ser bem-sucedidos, magros e felizes. Não estamos tentando nos recompor. Estamos mantendo de lado quem nós pensamos que somos. Temos esses sentimentos não para podermos culpar nossos pais por não terem dito "*Oh!, querida*", não para podermos socar travesseiros e expressar nossa raiva de todos aqueles que nunca confrontamos, mas porque sentimentos que não encontramos obscurecem nossa capacidade de nos conhecermos. Enquanto nos considerarmos a criança ferida por um pai inconsciente, jamais cresceremos. Jamais saberemos quem realmente somos. Continuaremos procurando o pai que nunca apareceu e nos esqueceremos de ver que quem está procurando não é mais uma criança.

Catherine Ingram, em seu livro *Passionate Presence*,* conta uma história sobre um amigo seu que disse: "*Finja que está em uma sala cheia de tigres, o que você faria?*". Catherine disse: "*Caramba, não sei, será que eu sairia correndo? Será que me esconderia? O que eu faria?*". Seu jovem amigo disse: "*Eu iria parar de fingir!*".

A maioria de nós está tão encantada com os tigres assustadores que estão em nossas mentes — nossas histórias de solidão, rejeição, dor — que não percebe que as histórias que nos assombram são apenas isso — histórias. Podemos ficar com o

* Presença Apaixonada.

que realmente sentimos diretamente agora, em nossos corpos. Formigamento, pulsação, pressão, peso, a grande bola preta de concreto no peito. E estando em contato imediato com o que sentimos, a ligação entre os sentimentos e o que está além dele se revela. Vemos que somos muito mais do que um determinado sentimento, que, por exemplo, quando a tristeza é explorada, pode transformar-se em um prado verdejante de paz. Ou que quando nos permitimos sentir todo o calor da raiva sem expressá-la, isso revela uma cidadela de força e paixão.

Nosso gato Mookie chegou até nós por meio de um amigo que jurou que por causa de sua natureza dócil era incapaz de ir lá para fora. Três semanas depois, porém nós descobrimos que o grande objetivo de Mookie na vida era mutilar e matar. Ele atacava nossa cachorra Celeste diariamente — pulava em suas pernas traseiras e as mordia — apesar de ela ser dez vezes maior a que ele. Ele sacudia lagartos na boca com alegria, comia passarinhos amarelos começando pela cabeça e terminando com cada osso, cada olho, cada pena. Mookie era um tiranossauro no corpo de um gato. Ele se pavoneava, destruía, rugia. Também fazia xixi em toda parte. Em nossa cama, na cama de Celeste, nas cadeiras, nos tapetes, nas poltronas... No começo, pensei que ele devia estar doente — infecção na bexiga, alguma doença nos rins, mas o veterinário disse:

— Os rins estão bem, a bexiga está ótima. Trata-se de um problema comportamental. Esse gato está procurando vingança.

— Por quê? Por ser paparicado, cuidado e alimentado com aspargos quando a maior parte do mundo está passando fome? — perguntei.

Durante três anos, alternei períodos de ódio em relação a Mookie quando ele fazia xixi e de amor quando não fazia. Como disse minha amiga Annie, ele tornava minha vida impossível sendo tão impossivelmente lindo. Ele piscava aqueles lindos olhos azuis e eu desmaiava diante de tanta beleza. Ele aparecia e ficava atrás de um vaso de violetas. Aquela perfeição — seu rabo macio, as orelhas cinza, os longos bigodes — me derrubava. Sempre tive um pouco de problema para optar pela função em vez da forma. Quando estava com 28 anos, recebia um salário mensal de 358 dólares, dos quais precisava tirar o pagamento do aluguel, comprar comida, gasolina, livros e ir ao cinema. Quando, porém, vi uma casinha que dava para o mar por 325 dólares ao mês, decidi que preferia passar fome a viver em outro lugar. Por isso, Mookie me dobrava: porque era lindo. "*Mas aí está o problema*", disse outro amigo. "*Ele acha que você o ama porque ele é lindo. Ele quer ser amado pelo que é. Não por sua aparência. Ele faz xixi para testar seu amor.*" "*Ah! Me dá um tempo*", eu disse.

Matt e eu tentamos tudo para acabar com o xixi. Colocamos detectores de movimento em lata de aerossol e, todas as vezes que ele se aproximava de um de seus lugares favoritos, o aerossol disparava e o assustava. Ele aprendeu a fazer xixi entre um aerossol e outro. Arrumamos um produto que tirava o cheiro de xixi de gato das poltronas, do sofá, da cama. Colocamos em vidrinhos com essência que deveria perfumar a casa com um hormônio de felicidade que deixaria Mookie tão bem que não sentiria vontade de fazer xixi. Também gritamos e conversamos com ele, além de consultar três veterinários para descobrir o que fazer.

E o xixi continuava. Eu ficava furiosa, colocava-o para fora de casa durante uma ou duas horas, ameaçava dá-lo para outra pessoa e, depois, me apaixonava de novo. Sentia-me uma covarde, adiando as coisas, decidindo sempre que aquela seria a última vez que ele faria xixi na cadeira. Algumas semanas atrás, ele entrou em meu novo escritório, subiu no sofá novo e fez xixi. Eu gritei, peguei-o no meio do ato e o atirei contra a porta. "*Seu estúpido*", pensei. "*Seu ingrato. Seu monstro de olhos azuis. Chega! Acabou!*" Ele voltou uma hora depois piscando os olhos, mas eu não iria ceder. Meu coração não iria se derreter. Eu não era mais uma covarde diante da beleza.

No jantar daquela noite, ele não apareceu na porta de trás, nem quando saímos sacudindo o saco de comida pelo quintal. Além de matar, o maior prazer de Mookie era comer. Todos os meus bichos comem compulsivamente e Mookie não era exceção. Ele era capaz de atacar uma abóbora crua se eu a deixasse no balcão. Era capaz de arrancar um pacote de pão do carro, abrir o saco e devorar tudo, deixando apenas algumas migalhas. Ele comia abacates, cerejas, nabos. E nunca perdia o horário de uma de suas refeições. Nenhuma.

Ele não veio para casa. Subimos e descemos pela entrada de carro, chamando, procurando. Eu estava convencida de que havia ficado tão irritada com ele que ele jamais iria querer voltar. Ou que minha raiva tinha provocado sua raiva e ele ficara tão furioso que decidira fugir. Para procurar um lar melhor, outros lugares para fazer xixi.

Quando amanheceu, saí para procurar Mookie e, ao passar por um arbusto que ficava perto da porta de trás, eu o vi estendido, como se estivesse prestes a pegar um lagarto. — Mookie? — eu disse. Mas ele não se mexeu. Com o coração disparado, saí à procura de Matt.

— Venha! Encontrei Mookie, há alguma coisa errada. — Matt o tocou.

— Ele está frio. Está morto. — Matt disse.

E nós dois começamos a chorar. Abraçamo-nos. Choramos por muito tempo. Então eu disse:

— Eu o matei. Minha raiva o matou.

— Isso é ridículo! Ele nunca perdeu uma refeição por mais brava que você estivesse com ele.

— Então ele morreu de frio aqui fora. Ele nunca passou uma noite do lado de fora.

— Mas estamos no verão! Não está frio aqui fora, como ele poderia ter morrido de frio?

— Poderia, qualquer coisa pode acontecer... — respondi chorando.

Nós o levamos até o consultório do veterinário para uma autópsia. Eu precisava saber como ele havia morrido. Antes de termos os resultados, porém, sentia-me mortificada pela culpa. Gritei com ele e ele não voltou. Se tivesse ficado em casa, ele não teria morrido. Sou uma pessoa horrível. Sou muito raivosa. Não é de admirar que Mookie matasse as coisas. Ele estava se vingando de mim. Eu me lembro do que um veterinário me contou uma vez a respeito dos animais de estimação: "*Eles ficam doentes para que seus donos possam ser saudáveis.*". Ele matava os pequenos beija-flores para que eu não matasse outras coisas, como o meu empreiteiro, aquele vagabundo! Eu sabia que minha raiva destruiria alguma coisa algum dia e finalmente isso aconteceu. E ele teve uma morte horrível. Horrível!! Uma morte horrível. Sou uma pessoa horrível.

No dia seguinte, nosso veterinário ligou para dizer que Mookie havia morrido de ataque cardíaco.

— Aparentemente, ele tinha uma doença cardíaca congênita. Ele não morreu de frio. Sua aorta estava bloqueada. Seus dias estavam contados desde seu nascimento. — disse Ron, o veterinário. E acrescentou:

— Pense desta maneira: ele comeu tudo o que não poderia comer e se vingou de todas as coisas vivas que encontrou. Para Mookie, foi uma boa vida.

Matt e eu ficamos chocados. A morte estava em toda parte. Como era possível Mookie estar aqui um dia e ter ido embora no dia seguinte? Para onde tinha ido? Como era possível que não estivesse sacudindo o rabo ou mordendo as pernas de Celeste quando ela atravessava o quintal correndo, o que ela agora fazia à vontade, pois Mookie não ficava mais escondido esperando para atacá-la quando passasse. "*A diferença entre alguém, qualquer um, estar fisicamente vivo e estar morto é maior do que a diferença entre qualquer outra dupla de opostos*", disse minha amiga Catherine. Ele está morto. Acabou. Eu não conseguia entender. Não devia ter acontecido. Ele tinha apenas três anos. Eu queria reclamar, devolvê-lo para o amigo que o dera para nós e ter outro gato sem defeito.

No terceiro dia, enquanto batia o ódio contra mim mesma nas claras do merengue, lembrei do questionamento. Bem, quase. Fui encontrar com minha professora, Jeanne, e *ela* me lembrou do questionamento. Enquanto eu tagarelava sobre como tudo tinha sido horrível, como eu era horrorosa, ela interrompeu a história e foi direto ao ponto: "*O que está acontecendo no seu corpo?*, ela perguntou.

O primeiro passo do questionamento é arrastar-se de volta, já que você está longe, flutuando, calçar umas botas de gravidade e voltar para seu corpo. Aí está toda a informação de que você precisa.

— Meu corpo? Agora? — perguntei, como se os neurônios do meu cérebro não tivessem um caminho para decifrar aquela combinação de vogais e consoantes.

— Sim. O que está acontecendo no seu peito? No seu plexo solar? O que está acontecendo aí?

Apesar do afastamento habitual, agora é sempre melhor do que a história a respeito disso. Sempre. Porque não há como se envolver, seguir em frente, ou lidar com as idas e vindas de uma história.

Assim que desviei a atenção da minha vida como um romance de Barbara Cartland para o que podia ver diretamente, meu corpo começou a ficar relaxado e tranquilo. Era como se fosse feito com molas novas. Nenhuma oclusão. Sem poluição. Quando Jeanne me perguntou como a clareza me afetava, percebi algo que não queria perceber: que não havia nada errado. Mookie havia morrido e não havia nada errado. Minha história a respeito de morte, minha personalidade defeituosa, minhas tendências criminosas chocavam-se com o sentimento de vivacidade que eu realmente tinha.

À medida que ficava cada vez mais curiosa a respeito do espaço limpo, um sentimento de benevolência saturou meu corpo, a sala, a casa. Entendi que Mookie havia vivido tanto quanto deveria viver. Que sua morte nada tinha a ver com meu valor ou a falta dele. Não era um entendimento mental, era um conhecimento sensato, uma certeza de corpo inteiro. O brilho mudou para uma substância preta muito densa, quase palpável, mas não pegajosa, cujo efeito sobre mim era calma e tranquilidade. Enquanto eu permanecia em silêncio, senti-me quase sem limites, imensa. Notei chamas de tristeza dentro e fora da escuridão. Eu iria sentir falta da cara de Mookie e da sua presença, mas aquilo era diferente de me rasgar por dentro. De acreditar que o que aconteceu não deveria ter acontecido ou que era minha culpa.

Do ódio por mim mesma à sensação de alívio. Do inferno à paz em 20 minutos. Percebo que isso parece inacreditável. Impossível! Como alguém pode ir do sentimento de culpa à sensação de paz tão depressa?

O fundamento do ser é feito de claridade. Está saturado de paz — e é por isso que o questionamento funciona. Quando você acredita em sua própria versão dos fatos, é como sentar diante das Cataratas do Niágara com viseiras cobrindo os olhos e tampões nas orelhas — e acreditar que você está olhando para um muro. Só porque não pode ver a festa que está acontecendo, não pode sentir o dinamismo, não pode ouvir o barulho da água, não quer dizer que isso não esteja acontecendo.

O que é ainda mais inacreditável do que o sentimento de culpa se transformando em paz é o fato de passarmos a maior parte das nossas vidas usando viseiras e tampões — e chamarmos a isso de vida. Vivemos vidas desesperadoramente repetitivas criadas por nós mesmos, como mortos-vivos, como se isso fosse tudo o que podemos esperar, e duvidamos de todo mundo que nos diz para abrirmos os olhos e vermos as Cataratas do Niágara.

Outra maneira possível: ver o que realmente está lá sob a nossa interpretação do que está lá, mas isso exige o questionamento do que a maioria de nós jamais, nunca, ousou, ou sequer pensou em, questionar: as muitas hipóteses que consideramos sobre o que é a Verdade.

Esse questionamento é tanto o processo quanto o objetivo do questionamento.

* * *

Quando me disponho a questionar e assim sentir o que estiver lá — medo, ódio, raiva — com curiosidade, os sentimentos se pacificam porque são encarados com gentileza e abertura, em vez de resistência e rejeição. Na medida em que meus sentimentos são familiares, em que eu os senti antes em situações semelhantes — exclusão, rejeição, abandono —, vejo-os num cenário completamente diferente das situações em que eles surgiram.

Sentimentos não digeridos, os nós do passado que não foram desfeitos e ficaram congelados no tempo exatamente por não terem sido encarados com compaixão ou amplitude. Você consegue imaginar como sua vida teria sido diferente se cada vez que você estivesse se sentindo triste ou com raiva quando criança, um adulto lhe dissesse: "*Venha cá, querida, me conte tudo.*". Se quando você estivesse tomada pela dor por ter sido rejeitada por sua melhor amiga, alguém dissesse para você: "*Querida, conte mais. Diga onde está sentindo esses sentimentos. Diga como está sua barriga, seu peito. Quero saber tudo. Estou aqui para ouvi-la, abraçá-la, estar com você.*".

Tudo o que qualquer sentimento deseja é ser recebido com ternura. Espaço para se desenvolver. Quer relaxar e contar sua história. Quer se dissolver como mil serpentes se contorcendo que, a um toque de compaixão, torna-se uma corda inofensiva.

Digo a minhas alunas nos retiros que elas precisam lembrar basicamente de duas coisas: comer o que querem quando estão com fome e sentir o que sentem quando não estão com fome.

Questionar — sentir a parte que sente — permite que você se relacione *com* seus sentimentos em vez de *a partir* deles.

Uma aluna chamada Annie diz: "*Meu filho acabou de ir para a faculdade. Envolvi minha vida com a dele, construí minha identidade como mãe. Não aguento esta casa vazia. Sinto falta dele. Como para compensar o vazio. Eu me sinto tão sozinha...*"

Pergunto à Annie se ela sabe dizer qual é a diferença entre o sentimento físico verdadeiro e o que ela acha que deveria estar sentindo. Há um ar de "fui-pega-com-a-boca-na-botija" em seus olhos e na maioria das pessoas da sala. Essa é a parte — sentir aquilo que estão tentando evitar com a comida — a que as pessoas mais resistem: resistem ao seu peso, depois resistem aos seus sentimentos e então, acima de tudo, resistem à ideia de que não há recompensa em não resistir. Que o remédio para a dor está na própria dor.

Ela me olha sem expressão. Tenho certeza de que está pensando que a partida do filho já a destruiu e agora estou lhe dizendo para sentir ainda mais a destruição.

— De jeito nenhum! Vou desmoronar se fizer isso. — ela diz.

— Isso é história. E entendo por que você tem isso, mas diga se realmente sente a solidão em seu corpo. Diga se tem uma cor. Diga se tem uma forma. Diga se há algum formigamento, vibração, pulsação quando você se sente sozinha.

Ela fecha os olhos e diz:

— É preta. É tão profunda que parece que vai devorar tudo o que entra em contato com ela. Vai fazer tudo desaparecer.

Pergunto a ela como essa escuridão a afeta quando se permite senti-la.

— Escuridão — eu digo. — Apenas aprofunde a escuridão, se não houver qualquer reação a ela, qualquer história a respeito, qualquer ideia sobre ela.

— Bem... — ela diz —, quando sinto a escuridão em si, parece que estou no espaço. Sinto algo tranquilo, profundo, como se estivesse flutuando no espaço livremente. Sem gravidade, livre.

Então, ela começa a chorar.

— Eu não quero estar lá fora sozinha. Eu não quero ficar flutuando por minha conta.

Pergunto o que há de tão terrível na solidão, na profundidade.

Ela diz:

— Minha mãe me deixava sozinha com meu tio. Sempre, sempre e sempre. Ele era sujo, cheirava a álcool. Uma vez ele colocou a mão no meu seio, mas eu mordi seu dedo. Quando contei à minha mãe, ela disse que eu tinha imaginado aquilo. Disse que ele era irmão dela, que nunca faria uma coisa daquelas. Eu odiava ficar sozinha com ele. Ela não acreditava em mim. Eu me sentia sozinha no universo. Os adultos eram loucos. Feriam as pessoas, mentiam. Eu não tinha mais ninguém.

Essa é a parte difícil para todo mundo, até para mim. Ver que as associações que temos com nossos sentimentos estão no passado. Ver que evitamos sentimentos por causa da história que contamos a nós mesmas a respeito deles. A dor machuca, a tristeza machuca, mas não são os sentimentos que nos destroem. É o que contamos a nós mesmas a respeito dos sentimentos. É que percebemos um sentimento atual através de olhos históricos. Através dos olhos de uma criança.

Como conheço bem Annie, sei que ela trabalhou o abuso durante muitos anos fazendo terapia. Os sentimentos em relação a isso não são novos ou recentes, mas entender a associação entre a solidão e o abuso é. Para permitir que ela tenha total controle sobre sua própria vida, sobre sua própria força, sobre sua própria presença, ela precisa ver a ligação que ela criou entre a solidão no passado e a solidão no presente. Só então ela conseguirá ver que não há nada de assustador em ficar sozinha agora.

Quando você questiona, começa com o que quer que esteja acontecendo agora — desde querer comer uma pizza inteira a querer se enfiar na cama e ali permanecer pelos próximos 50 anos. Você não reconhece que sabe o que precisa fazer ou para onde precisa ir. Você fica curiosa em relação aos sentimentos e às sensações. Você ouve seu corpo. Você deixa de ser dona de si mesma.

Qualquer questionamento começa com querer saber algo que você não sabe. Se você acha que já sabe o que está errado e como consertar, não há necessidade de questionar. Querer saber algo que você não sabe ativa sua curiosidade; provoca sua abertura. Evoca a parte de você que não é um aglomerado de velhas crenças, ideias, autoimagens, histórias, identificações. A base do nosso ser que já está saturada de paz, clareza, compaixão: a parte Cataratas do Niágara.

O questionamento é baseado no corpo, não é um processo mental. Você sente o que é estar dentro da própria pele, dos seus braços, das suas pernas. Você percebe a sensação e encontra sua localização exata. Sensação-localização, sensação-localização. Se, por exemplo, você estiver se sentindo triste, você se pergunta onde esse sentimento está localizado no seu corpo. Você percebe um montinho de cinzas azuis no seu peito, e daí salta a crença de que "*o amor existe para as outras pessoas, mas não para mim*". Você fica curiosa em relação a essa crença. Quantos anos você tinha quando aprendeu isso? E quais eram seus sentimentos na época que nunca foram percebidos, sentidos ou entendidos?

Às vezes, quando pergunto às minhas alunas o que estão sentindo em seus corpos, elas não têm ideia. Já se passaram alguns anos-luz desde que elas sentiram alguma coisa em ou sobre seus corpos que não fosse julgamento ou repugnância. Por isso, é bom fazer-lhes algumas perguntas que lhes permitam focar nas próprias sensações. Você pode se perguntar se o sentimento tem uma forma, uma temperatura, uma cor. Você pode se perguntar como esse sentimento a afeta. E como nenhum sentimento é estático, você continua observando as mudanças que ocorrem no seu corpo enquanto você se faz essas perguntas.

Se parar, normalmente é porque você está tendo uma reação a um determinado sentimento — você não quer sentir dessa maneira, você preferia estar feliz agora, você não gosta de pessoas que se sentem assim — ou está presa ao modo comparação/julgamento.

A respeito das reações: os sentimentos estão no corpo, as reações estão na cabeça; uma reação é uma dedução mental de um sentimento. (E as crenças são reações que tivemos tantas vezes que acabamos acreditando que são verdadeiras.) Numa tentativa de não sentir o que é desconfortável, a mente começa a tagarelar e divagar e lhe dizer como tudo isso é terrível.

Eis algumas das coisas que você poderá ouvir: "essa dor nunca vai passar. A tristeza irá me oprimir ou me engolir." Quando você sabe que esse tipo de reação irá se manifestar, você pode percebê-la e continuar questionando.

Seja precisa. "*Sinto um monte de cinzas negras no meu peito*" em vez de "*sinto uma coisa estranha e pesada*". Não tente dirigir o processo com preferências ou agendas. Deixe o questionamento seguir sua própria direção. Observe o que surge, mesmo que isso a surpreenda. "*Ah, eu pensei que estava triste, mas agora vejo que isso é solidão. Parece uma bola de borracha no meu estômago*". Dê as boas vindas à bola de borracha. Dê espaço a ela. Veja o que acontece.

Continue voltando para as sensações diretas no seu corpo. Preste atenção às coisas que você nunca contou a ninguém, segredos que guardou para si mesma. Não censure nada. Não se sinta desencorajada. Demora certo tempo até você confiar no imediatismo do questionamento, pois estamos muito acostumadas a comandar tudo com a nossa cabeça. Ajuda, apesar de não ser necessário, fazer o questionamento com um guia ou um parceiro para que você possa ter uma testemunha e alguém que a lembre a voltar para a sensação e a localização.

E acima de tudo, lembre-se de que não se trata de descobrir respostas para problemas intrigantes, mas que é um processo de revelação direta e experiencial. Movido pelo amor. É querer saber quem você é quando não está sendo controlada por seu passado. É como dar um mergulho no segredo do ser; está cheio de surpresas, reviravoltas, viagens paralelas. Você se envolve porque quer penetrar o desconhecido, compreender o incompreensível. Porque quando você evoca a curiosidade e a abertura sem julgar, você se alinha com a beleza e a alegria e o amor.

Você se torna a benevolência de Deus em ação.

Casada com o espanto

Ouvi falar de meditação pela primeira vez no início da década de 1970, com um sujeito chamado David, que era aluno de um pequeno guru que tinha muito dinheiro. David e seus colegas meditadores viviam juntos em uma casa em Nova York, onde praticavam o celibato e a meditação; o primeiro, segundo o pequeno guru, sendo um requisito para o outro. Na época em que conheci David, eu estava morando em uma casa pequena com muito sexo — um grupo em que eu e mais três pessoas fazíamos Troca de Casais todas as segundas-feiras, como crianças. Meus lábios ficavam inchados de tanto beijar, meu corpo doía com tantas explorações tântricas e por isso fiquei curiosa com a prática do celibato e a meditação associada a ele. David explicou que meditar era como ser elevado por correntes de ar quente. Como um falcão voando em círculos preguiçosos. "Sua mente fica muito tranquila.", ele disse. "E outra coisa, algo doce, brilhante, sagrado, ocupa o lugar.", explicou. Eu estava pronta para me inscrever quando o braço de David contornou meu pescoço e agarrou — de maneira meio sagrada — meu seio. Para mim, o discurso sagrado acabou ali. Tirei a mão dele e lhe disse para cair fora.

Alguns anos depois, eu estava na Índia, aprendendo meditação em mantras: a repetição de um som inúmeras vezes para tranquilizar a mente. Mas o som — So-ham, que significa "Eu Sou" (que é eterno, incondicional, além do tempo e do espaço) em sânscrito — me lembrava um hã-hum e, por mais que eu repetisse, acabava pegando no sono.

Desde então, já tentei praticar dezenas de meditações diferentes: com visualização, meditação de fluxo de luz, com mantras multissilábicos. Tentei meditações budistas, meditações sufi, meditação não-meditação taoísta. E apesar de nenhuma delas ter feito o que eu achava que iriam fazer — voltar minha mente para um oceano de felicidade —, eu acho que todo mundo deveria meditar. Eis o porquê.

Ontem à noite, fui muito feliz para a cama. Matt tinha acabado de voltar de uma viagem de uma semana, meu jardim estava florescendo e eu tivera um dia bastante produtivo, escrevendo muito. Além disso, a Terra tinha sobrevivido mais 24 horas sem uma explosão nuclear. A vida era boa!

Então, no meio da noite, minha mente, que havia ficado em repouso durante as 86 vezes em que eu já havia despertado, começou a tocar uma música familiar. E a letra era mais ou menos esta:

Joe (nosso empreiteiro que havia colocado um telhado com goteira) ainda não retornou meu telefonema. Aposto que ele nem pretende. Vou ter de procurar um advogado, mas é provável que o maldito advogado custe tanto que seu custo, quando tiver conseguido recuperar o dinheiro que desembolsei, já teria sido suficiente para pagar por um novo telhado. Aquele maldito empreiteiro! Eu devia saber que ele não faria um bom trabalho porque todas as vezes que eu perguntava como ele estava, ele respondia: "Tão bem que poderia ser pai de gêmeos!". Preciso telefonar para o advogado logo cedo. Minha garganta está doendo. Matt provavelmente trouxe germes terríveis da viagem de avião, que não lhe causaram problema, mas os passou para mim. Pode ser febre tifoide. Ou câncer de garganta. É, minha voz fica estranha quando falo. Quais serão os sintomas do câncer de esôfago? Será que deixei o computador ligado? Talvez devesse ir dar uma olhada nos sintomas do câncer de garganta, mas aí teria de sentar diante do computador e estou com dor nas costas. Já não consigo mais ficar escrevendo durante quatro horas como costumava fazer. Como fiz hoje. Estou ficando velha. Muito velha. Vou morrer logo — e como Matt vai morrer primeiro, ficarei sozinha. Os homens sempre vão embora primeiro. Por que não tivemos filhos? Sei que as pessoas dizem que ter filhos para ter alguém que cuide de nós quando formos velhos e ninguém mais se importar não é um bom motivo, mas o que estavam pensando quando disseram isso? Talvez não seja tarde demais para adotar. Sim, Matt está com 60 anos e eu com 55, mas tem gente que adota com essa idade. Aposto que se Angelina Jolie tivesse 60 anos permitiriam que adotasse. Aquelas pernas. Aqueles lábios. Será que ela usa botox? Vou falar com Matt sobre adoção quando ele acordar. Poderíamos ir até a Rússia, talvez até à cidade de onde vieram nossos avós. Se soubéssemos qual ou onde ficava. Letônia? Lituânia? Será que essas palavras são verdadeiras? Teríamos de passar alguns meses por lá. Pelo menos poderíamos tomar vodka, mas primeiro eu teria de gostar do gosto. Está tarde, preciso voltar a dormir. Acho que vou tomar um copo d'água. Água. Esta foi a primavera mais seca na Califórnia em 156 anos. Logo não teremos mais água. A terra vai ser queimada ou ficará debaixo d'água. E nós definitivamente vivemos na parte queimada. Caramba. É melhor eu aprender a comer raízes e brotos de árvore secos e folhas a partir de amanhã. Porque se Matt morre e eu estou velha e sozinha e ainda não aprendi a comer brotos de árvores, com será? De manhã vou procurar saber no Google como se come brotos de árvores. Depois de telefonar para o empreiteiro. Ou talvez o advogado.

Esses são os delírios de uma pessoa paranoica e amarga, com a mente um pouco confusa. Uma ingrata. Alguém com quem você não deixaria seus filhos. E essa foi uma boa noite.

Depois de décadas de meditação, minha mente ainda parece mais um gambá raivoso do que um falcão que voa livremente. E durante os dez primeiros anos de prática fiquei muito decepcionada com a falta chocante de qualquer avanço. Eu pensava que estava meditando para suavizar as arestas, para transformar minha raiva, para me tornar uma pessoa diferente. Alguém como a personagem de Meryl Streep em "*Um Visto para o Céu*",* que corre para dentro de prédios em chamas para salvar pessoas doentes ou crianças em vez de alguém que, no meio da noite, tem visões com seu estrangulamento. Acontece, porém, que isso é impossível. A mente, como diz Catherine Ingram, é louca. E essa é uma boa notícia, porque, quando você aceita a loucura, quando para de tentar consertar o que não pode ser consertado, presta atenção ao que não é maluco. O que, em minha opinião, é um dos principais objetivos da meditação.

* *Defending your life*, 1990.

Ontem à noite, por exemplo, enquanto eu expressava minha insatisfação com o universo imediato, havia uma vozinha que entendia que minha mente estava cantando as canções de sempre e que eu não precisava ouvir. Eu já havia ouvido aquela letra antes; elas acabam sempre na sensação "eles-agiram-mal-comigo", na sensação "eu-agi-mal-com-eles" ou na sensação "uma-grande--catástrofe-está-se-aproximando". (O refrão "morrendo-sozinha" é também um dos favoritos, mas cai na miscelânea da Catástrofe, como subconjunto da Catástrofe Pessoal.)

Uma mulher de um dos meus retiros disse:

— Por que alguém iria querer meditar? Por que eu iria querer sentar tranquilamente quando há tanta coisa a fazer — e tantas coisas infinitamente mais atraentes?

Outra mulher disse:

— Minha mente é o que tenho de mais interessante. É o que me torna diferente das outras pessoas. Minha mente foi o que me ajudou a me formar na Faculdade de Direito de Harvard, com louvor. Por que iria querer prestar atenção a alguma outra coisa além da minha mente inteligente?

E a resposta é: As mentes são úteis quando precisamos conceituar, planejar, teorizar, lembrar-nos de quem somos, mas quando dependemos delas para nos guiar, afundamos. Estamos perdidos. Porque são loucas. As mentes são excelentes para apresentar mil variações diferentes do passado e conjurá-las no futuro. E depois assustar você com a maioria delas.

Durante a maior parte do tempo, não questionamos nossas mentes. Acreditamos em sua loucura. Temos um pensamento — "*Meu empreiteiro nunca irá retornar meu telefonema*" — que evoca uma emoção correspondente — raiva, ansiedade, culpa. E, de repente, estamos ao telefone falando com o advogado. Bufando, furiosas, convencidas de que contratamos um ladrão que agora está a caminho da Costa Rica com nosso dinheiro. O imprestável.

Ou passamos diante de uma doceria e vemos uma bomba de chocolate e de repente nos convencemos de que precisamos daquilo agora. Nós nos convencemos de que nascemos para estar ali naquele momento, diante daquela vitrine, prestes a entrar na doceria, pegar e comer a bomba de chocolate. Ser transportada para o paraíso. A meditação desenvolve a capacidade de questionar sua mente. Sem ela, você fica à mercê de cada pensamento, de cada desejo, de cada onda de emoção. Você fica instável, dependendo de como as coisas correm durante o dia, se vão bem ou não. Se você se sentiu rejeitada ou não. Se nada ativar a sensação "eles-agiram-mal-comigo", ou a sensação "eu-sou-gorda-e-mal-amada-e-sempre-serei-assim", você talvez passe o dia se alimentando direito, mas, se passar por um espelho e não gostar da imagem, se brigar com um amigo, parceiro, chefe, uma criança, não terá para onde ir a não ser sua mente, o que geralmente significa ouvir uma das melodias familiares e acreditar em cada uma das palavras.

Quando você passa o seu tempo observando a mente, percebe as miscelâneas familiares e percebe o que é perceber as miscelâneas — a quietude que está além delas. Depois de algum tempo, a quietude se parece mais com você do que as "primeiras 50 músicas", como diz o professor budista Stephen Levine. Você começa a amar aquilo que não foi apanhado pela histeria. A amar a quietude. Amar a amplidão, amar a paz. A meditação ajuda você a descobrir o que você ama e o que não sabia que amava, porque estava tão presa à sua mente que não percebia que havia mais alguma coisa ali. E depois de descobrir isso, a meditação a ajuda a descobrir — e levar você de volta — para o que você ama. Para Deus-como-amor.

* * *

No poema *Quando a morte vem,** Mary Oliver escreve: "*E quando acabar, eu quero dizer: durante toda a minha vida fui uma noiva casada com o espanto.*".

Eu também. Quero uma vida de espanto, de assombro. Quero ver o que Zorba, o grego, chamou de "a catástrofe total". E depois de viver décadas casada com a obsessão e o sofrimento autoimposto, ficou evidente que ser casada com o espanto significa estar no único lugar em que ele pode ser vivenciado: o aqui, agora, neste exato momento.

Quando as pessoas ouvem a palavra m-e-d-i-t-a-ç-ã-o, pensam em transcendência deste plano terrestre sem graça. O tipo de meditação a que me refiro não tem nada a ver com transcendência ou qualquer tipo de mudança — e tem tudo a ver com o oposto: aparecer onde você já está.

Em meus retiros, ensino uma meditação simples que usa a respiração como âncora — que torna elegível qualquer pessoa que viva acima do solo. Usamos a concentração para ajudar você a adquirir consciência do lugar que fica entre a parte de cima do osso púbico e a base do esterno: sua barriga. Ai...!

Só essa palavra é suficiente para fazer com que algumas de nós — sem citar nomes — saiam gritando da sala. Odiamos essa região, que paradoxalmente costuma nos deixar tão ensandecidas. A barriga está localizada no centro do nosso corpo e é de fato o centro da nossa base. (Os místicos orientais acreditavam que a barriga é o

* When death comes.

centro do nosso espírito e que aí ficam nossas almas.) Senti-la a partir de dentro — se está pulsando, formigando ou vibrando, se está quente ou fria ou entorpecida — ajuda você a ficar inegável e visceralmente consciente de que está viva. Você sente a presença física da sua força de vida (sentindo sua barriga).

Quando ignora sua barriga, você fica sem abrigo. Passa a vida tentando apagar sua própria existência. Desculpando-se por si mesma. Sentindo-se um fantasma. Comendo para ocupar o espaço, comendo para dar-se a sensação de que tem peso aqui, de que este é seu lugar, de que tem permissão para ser você mesma — mas nunca acreditando porque não se sente diretamente.

Durante um exercício que ensinei em um retiro, a necessidade da meditação da barriga ficou muito evidente. Dei a cada aluna um metro de cordão vermelho e lhes pedi que fizessem um círculo em torno de seus corpos — e que sentassem no meio do círculo que haviam feito. Eu disse: *"Esse é o seu lugar. Seu espaço. Façam o círculo do tamanho que desejarem, mas assim que juntarem as duas pontas do cordão imaginem que sua energia se estende do centro para as bordas do círculo."*.

Instruções fáceis, exercício elementar. Pelo menos cinco alunas começaram a chorar assim que fizeram o círculo:

— Eu nunca senti que pudesse ocupar meu próprio lugar — disse alguém.

— Eu não consigo fazer um círculo grande o bastante. — disse outra.

— Eu me espremi em um canto tão pequeno do meu corpo durante 30 anos que agora sinto como se precisasse de uma sala inteira. Você tem mais cordão? Posso ir para o salão?

Outra pessoa não conseguia aproximar suficientemente o cordão do corpo:

— Eu não sinto como se devesse ter um corpo — ela disse — Ocupar espaço aqui é errado.

Minhas alunas são mães, professoras, médicas, atrizes, psiquiatras, psicólogas, advogadas, parteiras, inventoras, executivas de grandes empresas; não são mais ou menos neuróticas do que o resto de nós. Mesmo assim, um pedaço de cordão vermelho deixou graficamente aparente que elas não estavam vivendo no centro de suas próprias vidas. Que não sentiam que tinham permissão para isso.

Depois dessa experiência, comecei a ensinar uma meditação de barriga simples em que pedia às pessoas que tomassem consciência das sensações de sua barriga (entorpecimento e vazio também são sensações). Todas as vezes que suas mentes vagavam — mesmo quando estavam no meio de um parágrafo ou mergulhadas nas dores da miscelânea mental —, pedia-lhes que começassem a contar sua respiração para poderem ancorar sua concentração. Começando com o número um, e contando na expiração, elas contavam até sete e recomeçavam. Se conseguissem ficar concentradas nas sensações da barriga, não precisavam usar a contagem como âncora para a concentração. Depois de ensinar essa meditação por apenas cinco dias, a pessoas diziam coisas como:

— Ah, meu Deus! Sinto como se estivesse esperando por essa coisa de barriga a vida inteira. Esperando pela minha própria chegada.

— Se você tivesse me dito que iríamos nos concentrar na barriga antes, eu não teria vindo.

— Sinto como se minha barriga fosse do tamanho do estado e por isso a última coisa que eu queria era entrar dentro DELA, mas estou espantada com o que aconteceu. Pela primeira vez em meus 45 anos, realmente sinto como se fosse eu aqui, vivendo esta vida.

— Realmente estou aqui vivendo em vez de fingir que vivo enquanto espero a morte.

— Agora percebo que tenho o direito de estar aqui. Não tenho certeza do que estava fazendo todos estes anos, mas não era isso.

Para algumas pessoas, uma meditação de vinte minutos consiste em encontrar-se no meio de um refrão familiar e trazer-se de volta para a própria respiração. Novecentas vezes. Para algumas pessoas, uma meditação de 20 minutos consiste em perder-se em uma história longa apenas para lembrar (e apenas com o som do sino que marca o fim dos 20 minutos) de que se esqueceram da respiração enquanto respiravam. Algumas pessoas conseguem concentrar-se mais do que outras. Algumas pessoas realmente conseguem sentir sensações como pulsação ou formigamento ou tremor em suas barrigas. Não importa. O que importa é que você começa o processo de trazer-se de volta para seu corpo, para sua barriga, para sua respiração porque elas — e não as miscelâneas mentais — estão aqui agora. E é só aqui, só agora que você pode tomar uma decisão de comer ou não comer. Ocupar sua própria presença ou desocupar seus braços e suas pernas enquanto ainda está respirando e passar seus dias como uma cabeça ambulante.

Ter a posse da sua própria presença — a experiência imediata, sensata, direta de estar em seu corpo —, firmando-se em sua barriga, tem tudo a ver com comer compulsivamente. Por definição, comer compulsivamente é comer sem levar em conta os sinais do corpo; por isso, quando você desenvolve a capacidade de desviar sua atenção de volta para seu corpo, tem consciência do que ele diz e está disposta a ouvir, a compulsão desaparece.

A meditação é um instrumento para o despertar. Uma maneira de descobrir o que você ama. Uma prática para voltar ao seu próprio corpo quando as miscelâneas da mente ameaçam usurpar sua sanidade.

Isso, porém, não se traduz necessariamente em alegria inequívoca. Alguns dias, por exemplo, acordo meio alegrinha (não sempre, posso garantir, mas mesmo assim). Mal posso esperar para começar a escrever ou conversar com um amigo, mas como tenho a prática de meditar diariamente antes de comer, escrever, tomar chá ou falar ao telefone, sinto como se tivesse sido pega. A ideia de sentar sozinha em silêncio durante meia hora dá a sensação de ter a gengiva arranhada. Eu adio. Fico lavando os pratos durante uma hora, descubro uma emergência qualquer que preciso resolver. Nesses dias, costumo equacionar a meditação com uma necessidade de ir a Algum Lugar Especial por ser Alguém que Medita.

Às vezes acredito no decreto, criado por mim mesma, e me rebelo. Não sento. Na maior parte das vezes, porém, sento-me tranquilamente e, no momento em que começo a tomar consciência da respiração e da barriga, ocorre uma mudança abrupta. O mundo de tempo que eu habitava desaparece. Tudo o que eu estava correndo para resolver se dissolve. Os sons ficam mais altos. As sensações ficam mais fortes. Aves grasnando, respiração rouca, vento soprando. Respiração quente do cachorro, porta rangendo, telefone tocando. Barriga pulsando. Mãos formigando. E mesmo isso está além do que se sente porque o que se sente é que não há diferença entre o exterior e o interior. De repente, a compaixão de toda a parte está aqui. No espaço que costumava ser eu está o espanto casado com ele mesmo.

É por isso que pratico meditação e recomendo que você faça o mesmo.

De respiração a respiração

"O Sr. Duffy vivia a uma pequena distância do seu corpo." Gostaria de poder dizer isso a respeito de mim mesma (mas essa frase pertence a James Joyce), pois expressa perfeitamente a evacuação em massa dos nossos corpos no século 21. Pensamos em nós mesmos como cabeças ambulantes, ligadas a apêndices incômodos e desinteressantes. É como se preferíssemos fingir que não temos corpos. Como se eles fossem a fonte dos nossos problemas e, se ao menos conseguíssemos nos livrar deles, ficaríamos bem. Ficamos batendo por aí com nossos braços e pernas, deixamos que levantem por nós, segurem nossas crianças por nós, andem por nós, sem jamais encontrarmos tempo para viver dentro deles. Até estarmos prestes a perdê-los.

Um artigo da revista *The New Yorker* sobre pessoas que romantizam o suicídio (o máximo na técnica de remoção corporal) pulando da ponte Golden Gate descreveu um homem que disse: "*No momento em que pulei da ponte percebi que tudo o que imaginava inadministrável em minha vida era na verdade administrável, só que eu tinha acabado de pular da Golden Gate.*".

Suspiro.

O problema não é o fato de termos corpos, o problema é que não vivemos neles.

Quando falo pela primeira vez com as alunas dos retiros sobre habitar o próprio corpo, elas ficam com os olhos vidrados; de repente, o ar parece feito de chumbo. O corpo é tão — bem — sem charme. Não é atrás disso que elas vieram. Elas querem aprender a como ter corpos *diferentes* e não a ocupar os que têm agora.

Uma das minhas alunas do retiro estava convencida de que suas amplas coxas de mãe de três crianças com 40 anos de idade eram a fonte de seu sofrimento. Depois de passar anos obcecada com cada nova marca de celulite, com sua aparência em uma calça *jeans*, imaginando como sua vida seria diferente sem culotes, ela se lembra de ter acordado com uma dor pavorosa depois de uma lipoaspiração. Ela se lembra de ter olhado para suas coxas milhares de vezes nos últimos meses para avaliar sua condição atual. Um ano depois, ao chegar para seu primeiro retiro, ela disse:

— É terrível perceber que paguei todo aquele dinheiro e ninguém, nem meu marido, nem minha irmã, nem eu conseguimos ver a diferença entre as minhas coxas agora e como eram antes. Eles parecem não se importar, nem perceber que minha coxas têm menos celulite. Não queria passar o resto da vida odiando minhas coxas. E agora, gastamos nossas economias na cirurgia e continuo odiando minhas coxas.

Digo a ela que nunca conheci alguém que tivesse conseguido transformar de repente, miraculosamente, anos de rejeição e ódio em amor. Mesmo depois de uma plástica, de uma cirurgia no estômago ou de uma lipoaspiração. Quando você ama uma coisa, quer o bem dela; quando odeia, você quer acabar com essa coisa. A mudança não ocorre por causa do ódio, mas do amor. A mudança ocorre quando você entende o que deseja mudar tão profundamente que não há motivo para fazer nada além de agir com a melhor das intenções. Quando você começa a habitar seu corpo a partir de dentro, quando você para de olhar para ele, como diz minha amiga Mary Jane Ryan, com "olhos de câmera de banco", qualquer outra opção que não seja cuidar dele parece loucura.

Por mais que você se odeie ou acredite que a vida seria melhor se suas coxas fossem menores, se seus quadris fossem mais estreitos, ou se os seus olhos fossem mais separados, sua essência — o que faz com que você seja você mesma — precisa que o corpo articule sua visão, suas necessidades, seu amor. Para inspirar o perfume de bebê do pescoço do seu filho, você precisa de carne, nariz, sentidos. Presença, conhecimento, visão são possíveis apenas porque há um corpo para que eles se revelem. No livro *Uma vida interrompida*, de Alice Sebold, quando Susie, a narradora assassinada, quer beijar seu namorado, ela entra no corpo de sua amiga para sentir o calor de um lábio no outro — como se ter um corpo fosse o próprio paraíso.

Apesar da briga com seu físico, o fato é que você está aqui e que as milhares de pessoas que morreram hoje não estão. Ouvi uma meditação anos atrás em que um professor sugeria que pensássemos no que as pessoas que haviam morrido recentemente dariam para estar no lugar onde estávamos. Estar sentada, em qualquer corpo, em qualquer sala. Ele disse: “Pense no que elas dariam para ter um único momento dentro dessa forma física, desses braços, dessas pernas, desse coração batendo e nenhum outro.”. Eu deduzi que os mortos a quem ele se referia não se importavam com o tamanho das coxas de ninguém.

Seu corpo é o pedaço do universo que lhe foi dado; enquanto você tiver pulsação, ele lhe oferece um banho permanente de experiências sensoriais imediatas. Vermelho, sal, solidão, calor. Quando um amigo lhe diz algo doloroso, seu peito dói. Quando você se apaixona, esse mesmo peito sente fogos de artifício, cataratas e explosões de êxtase. Quando você está sozinha, seu corpo sente-se vazio. Quando você está triste, parece que um caminhão está parado em cima dos seus pulmões. A dor se parece com ondas lhe derrubando, a alegria parece bolhas de champanhe estourando nos seus braços, nas suas pernas, na sua barriga. Nossas mentes são como os políticos: inventam coisas e deturpam a verdade. Nossas mentes são mestras na arte de culpar, mas nossos corpos não mentem. E é por isso, é claro, que tantos de nós aprendemos a fechá-lo ao primeiro sinal de problema.

A habilidade de viver a uma pequena distância dos nossos corpos foi, em uma época, nossa melhor chance de sobrevivência. Como as crianças vivenciam as dores emocionais em e por meio de seus corpos, e como não tínhamos recursos para liberar essa dor, nós aprendemos a sair do carro correndo. Nós desenvolvemos a habilidade de sair dos nossos corpos, evitamos ser destruídos pelo ataque da dor potencialmente fragmentadora. Foi como uma saída para salvar a própria vida.

Na saída rápida do físico, porém, transformou-se em problema de adaptação por duas razões principais A primeira razão é truncar sua capacidade de sentir e por isso de enfrentar as situações que surgem em sua vida. Quando você está arrasada pela dor e sua resposta é comer *pizza*, você breca sua capacidade de enfrentar a dor, assim como sua confiança de que ela não a destruirá. Se você não deixar que comece um sentimento, você também não permite que ele acabe.

A segunda razão porque viver a uma pequena distância do nosso corpo cria um problema de adaptação é que como o corpo é o único lugar em que podemos vivenciar a fome e a saciedade, qualquer tentativa de acabar com a compulsão por comida está fadada ao fracasso. Quando você começa a comer sem antes tomar consciência de que seu corpo está ou não com fome, o único sinal que você receberá para repousar o garfo é o desconforto nauseante.

Percebo que voltar para seu corpo depois de uma vida inteira em guerra com ele pode não ser algo atraente, especialmente se é desconfortável sentar ou andar em seus limites, mas justamente porque as voltas para casa são difíceis não significa que você deva passar o resto da sua vida evitando-as.

Lembrar que você tem um corpo, qualquer que seja o dia, parece algo assim: você está balançando e, de repente, pega-se caminhando sem perceber que está caminhando. Então você se lembra de prestar atenção à sua respiração — ao movimento do abdômen, aos pulmões enchendo-se de ar. Você está entre uma espécie de fluxo, densidade, calor ou formigamento nas pernas. Você percebe que tem braços, você tem mãos e uma delas agora está erguendo uma caneta ou uma criança. Você chega ao seu corpo por um momento e vai embora de novo, flutuando de um lugar para outro sem uma lembrança clara da transição. De repente, você pousa aqui novamente — primeiro uma respiração, depois outra — e é como se tudo fosse novo. Você sente a respiração de seu filho no rosto. Ouve o barulho da caneta raspando no papel. Você cai no som como se fosse a primeira nota de uma sinfonia. No momento seguinte, você é de novo catapultada para ver sem ver, ouvir sem ouvir.

Você volta para seu corpo aproximadamente mil vezes por dia. Mesmo que viva em um ambiente urbano com sirenes e buzinas tocando toda hora, você ainda pode focar em suas sensações físicas — o contato de suas pernas com a cadeira, o som do teclado do computador, o friozinho do ar. Dessa forma, é possível viver, como diz John Tarrant, *"em nossa verdadeira área e não deixar de ver as coisas ao redor, como se conhecêssemos os países apenas pelos aeroportos e hotéis"*.

Thich Nhat Hanh, o professor budista vietnamita, diz: *"Não há caminho para a felicidade; a felicidade é o caminho."*. Da mesma forma, não há caminho de volta para o corpo; o corpo é o caminho. Você sai e depois volta. Sai e volta. Você esquece e depois lembra. Esquece. Lembra. Uma respiração e depois outra. Um passo e depois outro. É simples assim. E não importa por quanto tempo você esteve fora; o que importa é que você voltou. A cada volta, a cada som, a cada sensação sentida, há um relaxamento, reconhecimento e gratidão. Gratidão gera gratidão, amadurece em flores, neve, montanhas de mais gratidão. Logo você começa a imaginar por onde andava todo esse tempo. Como foi parar tão longe. E percebe que tortura não é ter esses braços e pernas, é estar tão convencida de que Deus está lá fora, em outro lugar, outro reino, que você percebe a mudança da Lua, sua própria presença consciente.

O GPS da Quinta Dimensão

O maior obstáculo para qualquer tipo de transformação é a voz que lhe diz que isso é impossível. E ela diz: *"Você sempre foi assim, você sempre será assim, de que adianta. Ninguém muda nunca. Poderia muito bem comer. A propósito, você deu uma olhada nos seus braços recentemente? E no que é que você estava pensando para usar aquela calça comprida hoje? Reparou nas dobras caindo em cascata sobre a sua calça? E desculpe, você esqueceu de usar maquilagem hoje, ou é assim mesmo que você fica quando se maquila? Esse cabelo... Essas coxas... Por que se preocupar? Você acabou de falar o que eu acho que falou para o seu chefe? Quem é você, a Rainha do Universo? Quantas vezes vai ter de quebrar a cara antes de aprender a ficar de boca fechada?"*.

Anne Lamott chama isso de *Rádio* QFERRADA. Pessoas menos poéticas (como Sigmund Freud) chamam de Superego, o pai interior, o crítico interno. Eu chamo de *A Voz*.

Todo mundo tem A Voz. É uma necessidade do desenvolvimento. Você precisa aprender a não colocar as mãos no fogo, a não andar pelo meio do trânsito, a não enfiar fios elétricos na água. Você precisa aprender que provavelmente não será bem recebida na casa das outras pessoas se atirar comida na parede da casa ou colocar cobras na cama. Quando figuras que representam a autoridade externa, como os pais, professores ou membros da família, comunicam instruções verbais ou não verbais que dizem respeito à sobrevivência física e emocional, nós unimos essas vozes em uma só — A Voz — por meio de um processo chamado introjeção (ou seja, internalizando as figuras de autoridade).

Segundo psicólogos do desenvolvimento, A Voz está em pleno funcionamento na maioria de nós quando chegamos aos quatro anos de idade e, a partir daí, funciona como uma bússola moral, um impedimento para o comportamento questionável. Em vez de termos medo da desaprovação dos nossos pais, ficamos com medo da desaprovação da Voz. Em vez de sermos castigados por ousarmos discordar de nossos pais ou mães, nós, adultos, nos punimos por ousar acreditar que nossas vidas poderiam ser diferentes. Nós ficamos avessos ao risco. Com medo das mudanças.

A Voz aparece quando queremos desafiar o *status quo*. Quando queremos fazer algo que nossos pais não iriam querer que fizéssemos. Dependendo dos pais, isso pode significar qualquer coisa entre uma viagem para a Ásia (*"Todas aquelas doenças, como malária, diarreia, lepra... Melhor ficar em casa.*), a confiança em nossa própria intuição (*"Confiar na sua intuição? Você percebeu onde já foi parar por causa disso?"*) e até o uso da relação com a comida como porta de entrada para sua verdadeira natureza (*"Eu vou lhe mostrar qual é a sua verdadeira natureza. Parece você mergulhando naquelas batatas fritas na semana passada."*).

Algumas pessoas — eu, por exemplo — são lentas para internalizar A Voz. Quando eu tinha oito anos, em uma lânguida tarde de verão em Nova York, eu e minha amiga Geri ficamos sentadas olhando as pessoas que passavam. Estávamos fascinadas com aqueles traseiros, com aquelas saliências em formato de melão. Quando não conseguimos mais nos conter, saímos do nosso torpor e inventamos um jogo: uma de nós iria andar nas pontas dos pés bem devagarzinho, atrás de uma pessoa estranha enquanto descia a rua. O auge da brincadeira seria beliscar a bunda da pessoa e sair correndo na direção oposta. A brincadeira funcionou direitinho por cerca de meia hora, até Geri beliscar a bunda de Freddy, filho de Olga e de Moe Feldstein; Freddy contou a Olga, que foi falar com minha mãe, que saiu de casa e me pegou beliscando a bunda de Murray Shapiro, sua dentista. Encrenca.

— O que as faz pensar que podem ficar por aí beliscando o traseiro das pessoas? — minha mãe gritou para Geri e para mim, enquanto se desculpava com a Dra. Shapiro.

— É divertido! — nós respondemos ao mesmo tempo.

— É uma violação — grande palavra, olhe no dicionário — da privacidade dessas pessoas — disse minha mãe. — Vocês precisam parar com isso imediatamente! Não estou dizendo amanhã, ou na semana que vem, é AGORA! Voltem para dentro de casa imediatamente.

A Voz controla os impulsos, faz a mediação entre o que é adequado e o que é impróprio; uma de suas funções básicas é suprimir o comportamento que poderia levar à prisão. Em rebeldes como eu, esse processo demora mais que o normal.

Nas primeiras duas horas do início do retiro, peço às minhas alunas que façam uma lista com dez críticas que fizeram a si mesmas desde que atravessaram aquela porta.

— Só dez? — geralmente alguém pergunta. — Que tal cem? Ou quinhentas?

Depois, eu peço a algumas delas que leiam a lista em voz alta no tom que A Voz costuma usar. As particularidades mudam de uma pessoa para outra. Variam entre *"Eu não consigo acreditar que estou fazendo outra coisa sobre peso!"*; *"O que é que eu tenho de* ERRADO *para achar que poderia usar um vestido sem mangas?"*; *"As unhas dos meus dedos do pé são nojentas!"*; ou *"Estou perdendo meu tempo e deveria voltar para casa agora."*. Às vezes, A Voz diz *"Você está se esforçando demais."*. Outras, diz: *"Você não está se esforçando o bastante."*, mas sua mensagem principal é sempre a mesma: *"Sua intuição não é confiável. Você tem de me ouvir. Depender de mim. Do contrário, morrerá como uma fracassada. Sua idiota."*.

Parece exagero? E é. Você jamais deixaria alguém falar assim com você? Talvez, mas você fala consigo mesma dessa maneira desde o momento em que acorda até fechar os olhos à noite sem sequer pensar no tom cruel. Você se acostumou com os insultos. E aí está o problema: A Voz se parece tanto com você que você acaba acreditando que é você mesma. Você acha que está dizendo a verdade a si mesma. E fica profundamente convencida de que, sem A Voz como sua consciência, suas tendências malucas ficariam sem controle.

Vamos pegar um exemplo que talvez ocorra com uma frequência alarmante, possivelmente várias vezes ao dia. Você está cuidando das suas tarefas rotineiras quando resolve experimentar uma calça velha. Uh-hu. Você não consegue enfiar a perna no buraco. Buraco que, no ano passado, já era um número maior do que no ano anterior. A Voz diz: "*Olhe só para você! Você é patética! Suas coxas estão do tamanho do Pão de Açúcar.*". Você olha para baixo e pensa: "*Humm... Minhas coxas realmente estão tomando conta do meu corpo, da sala, da vizinhança!*". A Voz diz: "*Você devia ter vergonha!*". Você concorda: "*Estou com vergonha, veja até onde me permiti chegar!*". A Voz diz: "*Má! Má! Má!*". Você pensa: "*Coxas más! Eu sou má!*".

Alguns minutos depois você percebe que se sente como se tivesse sido vaporizada. No espaço que antes você ocupava, há um temor fantasmagórico e uma vaga sensação de ser carente, fraca e gorda. Em questão de minutos, você ricocheteou na sensação de que sua vida não vale nada. Ainda.

Nada — absolutamente nada — mudou desde o início da manhã, quando você se sentia corajosa, resoluta, irreverente. O fato objetivo é que você não consegue entrar na calça. A realidade do aumento de peso é que você engordou nos últimos meses. Por que, contudo, o fato de ter engordado tem o poder devastador de acabar com o último vestígio de bem-estar? Por que você não pode perceber que ganhou peso e tomar algumas decisões sobre como agir com um pouco de sanidade e autoestima?

Porque a intenção da Voz é chocar você, não é ativar sua inteligência ou serenidade. No seu desenvolvimento inicial, era biologicamente adaptável: impedia que você fosse rejeitada por aqueles de quem você dependia. Agora é arcaica, remanescente residual da infância, que, apesar de sua utilidade, agora está dirigindo sua vida e tornando-lhe incapaz de agir com discernimento e inteligência. Seu principal aviso é: "*Não cruze a linha. Mantenha o* status quo."

A Voz usurpa sua força, paixão e energia — e as vira contra você. Sua maneira única de misturar verdade objetiva — você engordou — com julgamento moral — por isso é uma perdedora — deixa você se sentindo derrotada e fraca, suscetível a tentar uma correção rápida ou cura milagrosa. Qualquer coisa para parar de se sentir tão desesperada.

A Voz é implacável. Devastadora. Destruidora de vidas. A Voz faz com que você se sinta tão fraca, tão paralisada, tão incompetente que não ousa Questionar Sua (dela) Autoridade. Seu objetivo é impedir que você seja jogada para fora daquilo que ela percebe como o círculo do amor. Impedir que você seja destruída destruindo você primeiro.

Algumas das minhas alunas estão convencidas de que A Voz é uma réplica exata de suas mães ou de seus pais e que nada além de um exorcismo poderá livrá-las de suas arengas. E embora A Voz possa estranhamente parecer que é uma ou ambas as figuras paternas, é bom lembrar que geralmente ela é composta pelas figuras de autoridade com ênfase naquelas que primeiro cuidaram de você.

Na minha família, minha mãe conseguia impor-se com a capacidade pulmonar e a exibição vocal. Ela dizia coisas como: "*Diga isso mais uma vez e eu a faço voar até o outro lado da rua!*". E: "*Chateada? Você está dizendo que está chateada? Vá bater a cabeça contra a parede e quando parar estará se sentindo melhor.*". Quando essas frases eram combinadas com gestos de mão e olhares, produziam o resultado esperado: eu me acovardava sentindo que minha existência era um grande erro. Além disso, o questionamento de suas ações teria consequências desastrosas.

Minha versão da Voz tem as mesmas inflexões, o mesmo sarcasmo, o mesmo jeito de me por para baixo como fazia minha mãe, mas seu conteúdo engloba também as Leis da Vida Segundo Bernie Roth, meu pai, que, quando eu estava tentando escrever meu primeiro livro, disse: "Eu li que alguém enviou um texto original não assinado de Charles Dickens para uma editora e o livro foi rejeitado. O que a faz pensar que você escreve melhor do que Charles Dickens?". Depois de me ouvir fazer uma palestra para um grande público pela primeira vez, meu pai disse: "Você tem carisma. Hitler também tinha.". Isso foi dito por um homem cuja família de 33 pessoas desapareceu nas câmaras de gás de Auschwitz. E como acontecia quando minha mãe gritava comigo, eu reagia às observações de meu pai sentindo-me derrotada, incapaz.

Conto essas histórias não para culpar meus pais. Dizem que consegui isso sem querer em meus outros dois livros: recentemente, minha mãe e meu padrasto estavam em uma feira de produtos para saúde em que meu padrasto estava vendendo Xango, uma bebida milagrosa das florestas tropicais. Uma nutricionista estava conversando com Dick e ele perguntou se ela havia lido meus livros. "*Sim.*", ela disse. "*Uso-os o tempo todo.*" Dick disse: "*Sou o padrasto dela.*". E se virou para minha mãe e disse: "*Esta é a mãe dela.*". A nutricionista arregalou os olhos. Finalmente, disse para minha mãe: "*Nossa.*" Pausa. Silêncio. "*Geneen teve uma infância horrorosa!*", e foi embora. Minha mãe ainda gritou para ela: "*Eu sei. Estava lá!*".

A esta altura, 37 anos após ter saído da casa deles, não tem mais nada a ver com meus pais (fato que considero algo inconveniente, pois culpar é tão convenientemente depurador), mas a minha consciência de como eles são está instalada dentro de mim.

Mesmo que você fosse uma pessoa de sorte, daquelas que têm pais gentis, amorosos e atentos a cada expressão, você ainda teria

A Voz instalada em sua psique — essa voz ainda precisaria ser desafiada. Porque até mesmo os pais mais atentos veem seus filhos através de lentes que deformam. Eles passam sua própria definição de sucesso e de espiritualidade, amor e criatividade, o que inevitavelmente está fora de sincronia com as necessidades únicas de seu filho.

As crianças são como tropismo: crescem na direção da luz e da atenção. O que é ignorado na infância não se desenvolve. Se uma criança é valorizada por suas realizações, aprenderá a valorizar o que faz mais do que quem é — e A Voz entrará em cena quando não estiver correspondendo à sua cota de realizações. Se os seus pais não tinham consciência da dimensão profunda da realidade, você cresceu ignorando essa sua dimensão. E A Voz entrará em cena como cinismo e dúvida quando você se aventurar no mundo além das aparências.

A Voz sabota sua força, coloca você de joelhos e joga você em um mundo modelado nas figuras de autoridade do passado que indicam direções geralmente cruéis e quase sempre irrelevantes para quem você é e o que você ama. Cooptando sua clareza e conhecimento objetivo, A Voz torna você incapaz de entrar em contato com sua própria autoridade. Trata você como uma criança que precisa de uma bússola moral, mas seu verdadeiro norte não inclui nenhum terreno fresco ou novo. Pense na Voz como um GPS da quinta dimensão. Quando você segue a direção que ela aponta, passa a vida tentando encontrar ruas que não existem mais, numa cidade desaparecida há décadas. Então, fica se perguntando por que se sente tão perdida.

Byron Katie diz: "*Amo meus pensamentos. Só não me sinto tentada a acreditar neles.*". No momento em que você deixa de acreditar na Voz, no momento em que ouve "*Você é a pior pessoa do mundo. Você é egoísta e superficial com um coração seco e murcho, com a pele do pescoço de um elefante.*" e diz "*Uhum... Está certo! E qual é a novidade?*" ou "*Sério? Sou a pior pessoa do mundo? Verdade?*" ou "*Querida, parece que você está precisando tomar algumas Marguerita̲s. Fale comigo depois de beber alguma coisa.*", você está livre. Liberdade é ouvir A Voz falar, discursar e reclamar e não acreditar em uma palavra do que ela diz.

Quando você consegue desvencilhar-se da Voz, tem acesso a você mesma e a tudo o que A Voz supostamente oferece: clareza e inteligência e verdadeiro discernimento. Força e valor e alegria. Compaixão. Curiosidade. Amor. Não há nada errado porque não há nada certo para comparar. Quando você para de responder aos comentários incessantes sobre seu quadril, seu valor, sua própria existência, quando você não acredita mais que alguém, especialmente A Voz, saiba o que deveria estar acontecendo, os fatos simples permanecem. Respiração. Ar. Pele encostando na cadeira. Mão no vidro. Cintura afundando na carne. Quando você se solta — mesmo que uma vez — da Voz, você descobre, de repente, há quanto tempo vem confundindo suas garras da morte com sua vida. Você é Ingrid Betancourt libertada depois de anos acorrentada por seu algoz. Então....

Você pode se perguntar se está confortável com seu peso. Se você se sente saudável, com energia, consciente. E se a resposta for não, pode perguntar-se o que pode fazer a respeito disso que se encaixe no seu dia a dia. Algo com que consiga conviver, algo que possa manter. O que mexe com seu coração. Costumo dizer às pessoas em meus retiros que a menos que haja um sonoro "*Sim*" quando me ouvem falar, a menos que desejem o tipo de engajamento no próprio processo que descrevo, precisam encontrar outra forma de quebrar o código da sua relação com a comida para que não fiquem mais fora de si mesmas tentando desesperadamente encontrar uma maneira de entrar. Se prestar atenção à Voz e aceitar as bobagens que ela diz, continuará fora de si mesma. Você fica ligada. Histérica, ansiosa, urgente. Nenhuma mudança real ou duradoura irá ocorrer se você continuar ajoelhada no altar da Voz.

Apesar de colocarem no papel as autocríticas durante o primeiro dia do retiro, apesar de revelarem sua presença, quase todas as alunas acabam abrindo as portas para A Voz no dia seguinte. Como A Voz parece muito ser você mesma, e como você está profundamente convencida de que sem ela passaria pela vida sem restrições ou moralidade, soltar-se de suas garras demora algum tempo. Acontece em estágios.

Você começa nomeando. A Voz e seus efeitos em você. E apesar de isso parecer uma tarefa fácil, é como afastar o aço de um imã. Muitas vezes você não tem consciência de que está Sob a Influência até estar cambaleando com suas lenga-lengas. Você percebe que se sentiu como você mesma há dez minutos, mas agora sente-se como o Super-Homem depois de ser exposto à criptonita por Lex Luthor. Desaparecendo, diminuindo, fraco, incapaz, humilhado, envergonhado.

O maior desafio para o estágio Nomeando-e-se-Desvencilhando é que, como você acreditava em tudo o que a Voz dizia, também acha que precisa esconder seus defeitos das outras pessoas para que não se afastem horrorizadas. Você acredita que A Voz conhece A Verdade, e você não quer que ninguém mais descubra como você é monstruosa. Escura. Irredimível. Esconder-se parece um ato de autopreservação. Parece sua única opção se quiser ter alguma compaixão ou amor em sua vida. Quando você concorda inteiramente com A Voz, você se convence de que seu único recurso é ter vergonha de si mesma e tentar ao máximo consertar as coisas. Ser a ideia que A Voz tem de você. Ser alguém diferente, alguém que você não é.

É então que todos os momentos que você passou (quando não estava Sob a Influência) prestando atenção à sua essência, ao mundo invisível, à observação da sua mente — todos os momentos que você passou deixando cair as moedas da sua atenção no poço da prudência — voltam para você agora como consciência de que esse lugar arruinado não é você. Apesar de parecer familiar e apesar de parecer um beco sem saída — quanto mais você luta mais fica presa —, não é você. Você sabe disso porque já viveu momentos de prazer, de paz, de felicidade sem razão alguma. Você já se conhece para saber que não pode ser nomeada, atacada ou destruída. E essa consciência funciona agora para separá-la do que não é você. Da sua história sobre quão irredimível você é. Da sua vergonha por ser a velha nova versão familiar da sua história. E porque acabou adorando a vida sem a história, de você sem seu passado, você está cada vez menos disposta a suportar o sofrimento de se unir à Voz. Você começa a preferir a simplicidade à complicação. Liberdade à familiaridade.

Para aquelas que não se vivenciaram sem A Voz, digo que precisam Viver Como Se. Vivam como se soubessem que valem o próprio tempo. Vivam como se merecessem tomar conta de seus corpos. Vivam como se as possibilidades que tanto desejam realmente existissem. Com isso, cria-se uma ponte com uma nova maneira de viver. Isso permite que você veja que alguma coisa mais é possível. Que você realmente pode andar, falar, comer como se merecesse estar aqui.

Loren, assistente no meu retiro, diz que quando começou a aprender a desvencilhar-se da Voz teve de falar com ela de uma maneira que não podia falar com seus pais. Teve de dizer coisas como *"FODA-SE!"*, *"Vá embora!"*, *"Vá pegar alguém do seu tamanho!"*. Como a raiva não era tolerada em sua família, e como A Voz parecia imitar seus pais, foi ao mesmo tempo chocante e libertador dizer à Voz para não encher o saco. Logo depois de ter reunido coragem para se defender da crueldade da Voz, houve alívio, liberdade e uma sensação de que ela, Loren, estava ocupando seu corpo novamente em vez de ser controlada por um clone de Darth Vader.

Depois que você dá um nome ao que aconteceu — desabei, A Voz e eu somos uma —, pode dar mais alguns passos para libertar-se do seu algoz. Escreva ou diga as mesmas coisas que diz A Voz, mas em vez de fazer isso na primeira pessoa (o que mantém você e A Voz unidas), você se torna A Voz falando com a desgraçada, imoral e irredimível pessoa que você acha que é. Sente-se na cama. Fale em voz alta no carro. Escreva tudo na sua escrivaninha. Rabisque as paredes da cozinha. Deite-se na sala. Não segure nada: *"Sua estúpida! Sua imprestável! Sua bruxa seca amoral! Como OUSA...?* Enquanto fala, preste atenção à sua respiração. Repare na sua barriga. Repare que estava se sentindo morta e, de repente, você está começando a sentir sua energia voltar (a energia que A Voz roubou de você). A história em si, as próprias palavras, não importam tanto quanto a energia presa dentro delas. Não julgue os detalhes — não pense *"Ah, meu Deus, acabei de falar um palavrão!* —, simplesmente sinta as sensações diretas que surgem no seu corpo. Uau. Isso parece uma bola de larva vermelha quente no meu peito. Agora está subindo para a minha garganta. Agora está indo para a minha barriga, meus braços. Agora me sinto grande. Aumentada. Observe o que está acontecendo sem interpretar, sem poupar ou reprimir. Apenas energia. Paixão. Irrestrita. Você permite. Depois de algum tempo, você percebe que, quando essa energia não é dirigida para um objeto, quando você sente a energia sem colocá-la em alguém ou alguma coisa, você se sente viva. Você se tem de volta. Está suspensa. Inominável. Livre.*

Depois de desvencilhar-se e reclamar sua própria força, você agora pode discernir a ponto de tomar decisões em relação ao seu conforto. Você pode decidir que seu corpo não se sente bem quando você come açúcar. Que você precisa consultar um médico ou uma nutricionista. Você pode decidir que precisa mudar de emprego. Ou de marido. Que seu corpo precisa movimentar-se mais. Até você se ver livre da Voz, porém, qualquer decisão que você tome baseada na opressão é como uma confissão feita sob tortura. Quando você decide que precisa perder dez quilos porque está horrível com esse peso ou que precisa meditar todos os dias

* Para mais informações sobre a separação da história e a energia presa dentro dela, veja o capítulo sobre questionamento.

ou ir até a igreja aos domingos porque do contrário irá para o inferno, está tomando decisões de vida estando presa a correntes. As decisões induzidas pela Voz — aquelas tomadas por causa da vergonha e da força, sentimento de culpa ou privação — não são confiáveis. Não duram porque se baseiam no medo das consequências em vez de no desejo de verdade.

Em vez disso, pergunte a si mesma o que você ama. Sem medo das consequências, sem força ou vergonha ou culpa. O que a motiva a ser gentil, a cuidar do seu corpo, do seu espírito, dos outros, da Terra? Confie no desejo, confie no amor que pode ser traduzido em ação sem a ameaça de punição. Confie que você não irá destruir o que mais importa. Dê muito a você mesma.

3ª Parte

Comendo

Aqueles que se divertem e aqueles que não se divertem

Minha dieta favorita de todos os tempos foi a Dieta *Cigarro, Café com Shasta Creme Soda* diet. Um psicólogo famoso chamado Bob me falou dela em um verão quando eu estava no segundo ano da faculdade. Bob, que chegara a pesar 180 quilos, agora era esplendidamente magro graças a essa nova invenção: A Dieta Marrom — três maços de cigarro e doze xícaras de café por dia. Ponto.

"Ai, meu Deus!", eu disse a Bob em um restaurante enquanto me enchia de bolinhos lambuzados de manteiga e ele tomava café e fazia anéis com a fumaça do cigarro. *"Finalmente! Uma maneira de ser magra!"*.

Bob balançou a cabeça vigorosamente. Mergulhado em cafeína suficiente para explodir uma usina nuclear, seu movimentos lembravam o de um maníaco: os pés batiam no chão enquanto ele falava, as mãos faziam círculos no ar. Então ele disse: "*Funciona mesmo, Geneen, perdi mais de 100 quilos. E o melhor é que não tem nada complicado. Não é preciso mastigar nada. Não precisa lavar pratos. Nenhuma louça. Qualquer um em qualquer lugar pode ficar magro com esta dieta!*".

Por isso, no dia seguinte comecei a Dieta Marrom, acrescentando o Shasta Crème Soda *diet*. Fui fiel ao programa durante três semanas e perdi muito peso, como você pode imaginar. E como nunca dormia, consegui realizar muitas tarefas até então desafiadoras como ler "O Conde de Monte Cristo" e tricotar um tapete.

Esse não foi o único programa que encarei seriamente. Todas as vezes que ouvia falar de um novo regime — Dieta do Frango Assado, Dieta do *Sundae*, Dieta das Uvas e Nozes —, encarava o desafio com entusiasmo, até reverência. Eu adorava que me dissessem o que fazer. Parecia que havia alguém no comando. Alguém havia analisado a situação, percebera a confusão em que eu estava e descobria A Resposta. Proteína. Massa. Comida crua. Cocô de rouxinol. Não importava. Eu me dispunha a abandonar a dieta desta semana pelo seu oposto na semana seguinte porque Alguém Havia Dito. Eu achava reconfortante acreditar que se fosse fiel e obedecesse À Palavra, encontraria A Salvação — A Paz do Ódio Implacável que sentia por mim mesma e que eu acreditava que era provocado pelos meus culotes.

A verdade é que todas as dietas que eu começava funcionavam incrivelmente. Eu sempre perdia peso e sempre encontrava redenção porque as regras eram muito claras.

Arrependa-se!

Prive-se!

Morra de fome!

Fácil.

Até não ser mais. Até eu não aguentar a privação por mais um minuto sequer. Nem um. No meu limite, eu me tornava o oposto de mim mesma. A ordem transformava-se em caos, a restrição em abandono. Como um lobo em noite de lua cheia, eu me transformava em criatura da noite, um ser selvagem que pouco lembrava o ser humano diurno. Eu rasgava e abria caixas, latas e sacos de comida com voracidade tão intensa que parecia que eu não comia há anos. Depois de 18 meses vivendo com alimentos crus e sucos, passei dois meses ingerindo *pizzas* inteiras e pedaços de salame. Depois de três semanas de Dieta Marrom, passei seis semanas comendo dúzias de *donuts* de uma só vez. Então, com a mesma rapidez com que havia começado, o amanhecer rompia o transe e eu voltava a ser civilizada.

Quando parei de fazer dieta, deduzi erroneamente que todos os comedores compulsivos ansiavam por regras, diretrizes, ordem até se rebelarem contra elas e comerem compulsivamente. Cerca de dez anos atrás, porém, minha amiga nutricionista Francie White me disse que algumas ODEIAM dietas. Algumas pessoas rebelam-se no instante — e não três semanas depois — em que lhe oferecem um plano alimentar. Suas vidas são como uma longa compulsão.

Ao examinar esse fato com minhas alunas, descobri que praticamente metade delas nunca — jamais — tinha conseguido fazer uma dieta. Elas não estavam interessadas nas regras, em ordens ou em que lhes dissessem o que fazer. Elas me falaram do horror que era comer ininterruptamente sem restrição. Do instante em que se viam diante da geladeira sem entender como haviam chegado ali. De terminarem um bolo antes de se lembrarem de terem dado a primeira mordida. Ficou claro que nem toda compulsão é provocada pela privação; para metade das pessoas que comem por razões emocionais, a compulsão (ou, no mínimo, o excesso de alimentação) é um estilo de vida pontuado pelo sono, trabalho, tempo com a família. O que me levou à conclusão de que há dois tipos de comedores compulsivos: restritivos e permissivos.

Os restritivos acreditam no controle. Deles mesmos, do seu consumo de alimentos, do seu ambiente. E sempre que possível, eles também esperam que vão controlar o mundo todo. Os restritivos agem com a convicção de que o caos é iminente e que é preciso tomar medidas para minimizar seu impacto.

Para um restritivo, a privação significa conforto porque lhes dá sensação de controle. Se limito meu consumo de comida, limito o tamanho do meu corpo. Se limito o tamanho do meu corpo, eu [acho que é possível] limito meu sofrimento. Se limito meu sofrimento, controlo minha vida. Eu me certifico para que coisas ruins não aconteçam. O caos fica longe.

O extremo da restrição leva à anorexia — a fome que ameaça a vida —, mas todos os restritivos acreditam na privação/restrição/contenção como princípios orientadores. Quando comemos juntas em meus retiros, reconheço as restritivas imediatamente: há mais espaço em seus pratos do que comida.

Uma de suas principais crenças é que menos é mais. Se mostrar menos de mim, é menos a sofrer. Se cortar uma parte de mim na altura dos joelhos, então o tombo será menor quando alguém vier com sua espada. Comer menos — e ser magra — equivale a estar segura.

Quando as calorias eram a medida do dia, os restritivos sabiam quantas calorias havia em uma maçã pequena, uma taça de sorvete, um biscoito. Quando a medida passou a ser o índice glicêmico, eles sabiam quantos gramas de gordura, proteína e carboidrato havia em uma torrada, em uma colherinha de azeite, em um muffin de chocolate. E agora, você pode perguntar: "Aveia é o novo ingrediente miraculoso? Certo, vou colocar em tudo o que comer pelos próximos dez anos.". Ou, então: "*Ãhn? Aveia pode causar câncer? Certo, vou para de comer imediatamente.*". Como a restrição/privação traduz-se como controle, e como controle significa segurança, que por sua vez significa sobrevivência, qualquer perspectiva de privação causa alívio: diga-me o que preciso cortar e eu farei isso imediatamente. Diga-me quando e quanto comer. Dê-me listas para memorizar. Dê-me regras e serei sua para sempre. Minha vida depende disso.

Como os restritivos estão sempre tentando conter a energia selvagem que está querendo ser liberada, não conseguem relaxar. Como estão sempre tentando impedir o inevitável, têm de trabalhar muito, e como trabalham tanto, estão convencidos de que o trabalho é nobre. E se não é difícil, não vale a pena.

Eles não são pessoas que riem muito, mas o riso e a diversão não são seus objetivos. Para diversão (ou o que parece) temos de nos voltar para suas irmãs, as permissivas.

As permissivas consideram qualquer tipo de regra uma aberração. Se perderam um pouco de peso com alguma dieta, foi com muito sofrimento. Duvidam de qualquer programa, orientação, tabela de alimentos. Normalmente, sentam nos meus retiros nos primeiros dias olhando para mim radiantes, como se dissessem: "*Prove o que está dizendo, irmã.*".

As permissivas dizem: "*Engordei 20 quilos nos últimos seis meses e simplesmente não consigo entender o que aconteceu.*". Enquanto o tipo restritivo funciona com a supervigilância, com a antena ligada permanentemente, o tipo permissivo passa pela vida atordoado. Assim, não precisam sentir dor — a sua ou de quem quer que seja. Se não percebo, não há o que consertar. Se passo pela vida adormecida, não preciso me preocupar com o futuro porque não terei consciência dele. Se desistir de tentar, não vou me decepcionar quando falhar. Como o restritivo, o tipo permissivo funciona com base na necessidade de se sentir seguro no que considera situações hostis ou perigosas, mas ao contrário dos restritivos, que tentam administrar o caos, os permissivos se fundem com esse caos. Eles não vêm motivo para tentar controlar o incontrolável e decidiram que o melhor é se misturar e aproveitar a festa. Divertir-se.

Em meu livro *When You Eat at the Refrigerator,** escrevi sobre a minha amiga Sally, uma permissiva que eu chamei de amiga infernal: "*Não importa como esteja me sentindo, quando chego a sua casa, em pouco tempo me vejo pensando: 'Que diabos! Posso muito bem tomar champanhe em taças de cristal. Posso muito bem pintar as unhas de dourado. Posso muito bem tomar um banho no meio do dia em sua banheira gigantesca com torneira de sereia. No que é que eu estava mesmo pensando quando cheguei aqui?'*". Estar com Sally é como entregar-se à compulsão sem a comida.

* Quando você come diante da geladeira.

Embora tanto restritivos quanto permissivos acreditem que não há o suficiente para ir atrás, que não vão conseguir aquilo de que precisam, os restritivos reagem a essa falta percebida privando-se antes de serem privados; os permissivos reagem tentando armazenar o que for possível antes que o butim/amor/atenção acabem. Foram eles que deram origem ao estereótipo (distorcido) "Gordo e Feliz" porque parece que estão sempre se divertindo. Parece que não se preocupam, mas isso acontece apenas porque se recusam a incluir qualquer coisa que afete sua esfera de proteção de torpor. Suas vidas dependem da negação da mesma maneira que a vida dos restritivos depende da privação — e quando sua sobrevivência depende de velejar pela vida eliminando os degraus mais baixos da verdade, não é mais divertido. Ou alegre.

No entanto, como a maior parte da cultura não vai além do mundo das aparências, parece que os permissivos se divertem mais. Para um restritivo, estar ao lado de um permissivo é como ter tido permissão para sair da aula e brincar na neve. É como estar com alguém de outro planeta. Quando vou ao Starbucks com uma amiga permissiva, peço um chá pequeno com leite orgânico. Ele pede um gigantesco Frappuccino — não o *light* — com *chantilly*. *"Mas são 11 horas da manhã!"*, eu digo. Ela ri e diz: *"A vida é curta, querida! Quer um pouco de* chantilly*?"*.

Você pode estar pensando por que os restritivos não fazem as malas e passam para o campo dos permissivos. Se tiver de ser um ou outro (e todo mundo é), por que não ser um permissivo? Por que alguém se privaria quando pode tomar champanhe ou saborear um *chantilly* com total abandono antes do meio-dia?

Como restritiva, já pensei nessas coisas. Assim como todos os permissivos. Quando introduzo esse material em meus retiros, minhas alunas têm duas reações: grande alívio ou muita inveja. Alívio por verem que seu comportamento tem um nome. Inveja por querer ser o que não são. Restritivas subitamente começam a acreditar que suas vidas seriam melhores se pudessem abrir mão do controle, mas as permissivas estão convencidas de que, se conseguissem seguir um programa de alimentação razoável, conseguiriam perder peso.

Nosso subtipo não depende de nós. Como diz minha mãe, depende da cama em que você nasceu. Nascemos com certas predisposições, certos desvios em nossa percepção. Irmãos, até mesmo gêmeos, com os mesmos pais, o mesmo ambiente, têm uma percepção diferente dos acontecimentos. Pela minha experiência, somos restritivos ou permissivos desde que nascemos; é através dessa lente que enxergamos nossas famílias.

Divertido ou não, tanto a restrição quanto a permissão estão ultrapassadas, são relíquias irrelevantes de comportamento que têm pouco valor em nossas vidas agora. São, como já disse, mecanismos de sobrevivência. São defesas infantis que estamos usando para nos proteger das *perdas que já aconteceram.*

Restritivos e permissivos são subtipos de comedores compulsivos e emocionais. A compulsão é uma maneira de nos protegermos da sensação que acreditamos ser impossível sentir, que estamos convencidos de que é intolerável. É uma compulsão porque nos vemos obrigados a praticá-la. Porque no momento em que a estamos realizando, acreditamos que não temos chance. Enquanto as crianças não têm muita escolha em relação ao ambiente em que nasceram e sobre suas opções quando as pessoas que cuidam delas agem de maneira grosseira e abusiva, os adultos têm uma infinidade de opções. Uma criança pode virar ou não a cabeça, é isso. Enquanto as crianças não conseguem suportar muito sofrimento sem fragmentar-se, os adultos com egos e sistemas nervosos razoavelmente intactos não precisam temer que essa dor os mate. Quando usamos consistentemente as defesas que desenvolvemos 20 ou 50 anos atrás, nós nos congelamos no passado. Perdemos o contato com a realidade. Vivemos uma mentira.

Os restritivos controlam. Os permissivos ficam entorpecidos. Ambas revelaram-se estratégias brilhantes para salvar a vida dando nome à nossa dor quando dependíamos totalmente de outras pessoas e/ou éramos incapazes de agir por conta própria. Desde, porém, que ser vulnerável e aberto não significa mais ter vergonha, ou ser rejeitado/abusado/ferido, permitir ou restringir deixam de ser estratégias eficientes. Plastificando constantemente nossas defesas do passado em nossa realidade atual, criamos a ilusão de que o que havia então está aqui agora. Nunca chegamos às sempre novas possibilidades do presente.

A neuroanatomista Jill Bolte Taylor fala da euforia que sentiu quando, durante um derrame, as funções do lado esquerdo do cérebro, que controlam o pensamento linear e usam o passado para orientar o presente, pararam de funcionar. Quando não havia mais lembrança de como eram as coisas, não havia mais conceito do eu (que é preciso defender). Não havia mais eu e você. Nenhuma separação entre as moléculas de uma mão e as moléculas de uma pia ou de uma lâmina de grama. Sem a grade do passado impondo-se sobre o presente que se descortinava, havia apenas paz. Apenas esplendor. Somente a consciência e o espanto profundo com a própria vida.

Mestres espirituais apontam para essa possibilidade, menos o derrame, há milhares de anos: o contentamento de chegar ao lugar onde você está. Quando não estamos reconstruindo o passado a cada nano-segundo, o que está aqui é tão compensador, tão cheio de amor, tão inacreditavelmente simples que uma vez experimentado, muda tudo. Porque então você sabe o que é possível e se recusa a aceitar menos que isso.

Para as reuniões de fins de semana com 20 alunas do meu grupo de retiro, peço que tragam seu prato favorito para compartilharmos e digo que vou oferecer o prato principal e a sobremesa. Eu levo um salmão inteiro cozido e um bolo de chocolate. (No que me diz respeito, essa poderia ser a refeição, mas estou aberta a acrescentar alguns legumes e folhas de alface caso apareçam).

A sala é tomada por uma sensação de entusiasmo e antecipação. Comida! Comer! Sim! Quando todas terminam de colocar a comida na mesa, temos oito pães de forma, dois pedaços de queijo, cinco pacotes de biscoitos, duas caixas de *cookies*, uma salada, um pacote de minicenouras, outro de tomate-cereja — o salmão e o bolo de chocolate.

As restritivas só querem comer o que trouxeram: tomate-cereja, salada e cenoura. E ficam furiosas comigo por ter trazido o bolo de chocolate.

Uma delas diz:

— Devíamos estar trabalhando aqui, analisando nossas QUESTÕES, não nos divertindo.

Outra diz:

— Como posso apreciar minha comida com essa COISA olhando para mim?

As permissivas, porém, estão eufóricas:

— Onde você conseguiu esse bolo? Você acha que podem entregar na minha casa?

— Quando podemos comer dessa lata de cada vez?

Outra permissiva, uma das que acabaram de fazer cirurgia para reduzir o estômago, diz:

— Eu só posso comer um pedacinho de cada vez, mas posso continuar a comer pelas próximas horas?

Nada como um bolo de chocolate a um metro de distância para revelar nosso medo do caos ou nosso desejo de mergulharmos nele. E é por isso que a alimentação emocional — e por isso a restrição e a permissão — é uma porta de entrada para o que Jill Bolte Taylor chama de "euforia do presente". No momento em que você diferencia o agir de acordo com o impulso para se afastar do presente morrendo de fome ou enchendo-se e a consciência do impulso para se afastar, você não é mais uma prisioneira do passado.

A consciência e a compulsão não podem coexistir, pois esta última depende da obliteração da primeira. Com a consciência do desejo de encher-se, mas *sem se encher,* você saiu da imersão no seu passado e começou a chegar ao presente. Naquele você está consciente do seu passado sem sê-lo. Uma vez aqui agora, você pode começar a perguntar a si mesma qual é a sensação, qual o som, qual a aparência (veja o capítulo sobre questionamento para uma descrição detalhada do processo). Você pode perceber o que nunca percebeu. É como compreender de repente que a sinfonia mais maravilhosa estava tocando há horas, mas você estava prestando tanta atenção aos vídeos no Youtube e não ouviu uma nota sequer. Ou como passear pela floresta ouvindo o Ipod e um dia perceber que nunca ouviu o estalar dos galhos quebrando, o canto dos pássaros, o cheiro das folhas.

O começo sempre envolve a percepção de onde você está e o que está fazendo. Não tentar estar em outro lugar. Não tentar, como digo às minhas alunas, mudar um fio do seu cabelo. Você está diante de um bolo de chocolate e percebe que quer comer todo o bolo. Você não se importa se arrebentar o intestino por causa da cirurgia de estômago que acabou de fazer. Você não se importa se ninguém mais do grupo pegar um pedaço. Você quer o bolo inteiro.

É uma boa coisa perceber isso. Você não se julga. Você não pensa que querer tudo tem algum significado quanto ao tipo de pessoa que você é. Você não diz a si mesma que é egoísta e que, se as outras soubessem que você quer tudo, jogariam você pra fora. Nada disso. Você volta para o presente e como seu corpo está aqui, agora, como a fome ou a falta dela também estão aqui, você se pergunta se está com fome. Simples. "*Estou com fome?*"

Como os permissivos usam a comida para sair de seus corpos, não estão familiarizados com a linguagem da fome e da saciedade. Comem porque a comida está ali e porque sentem vontade, não porque seus corpos pedem para comer. O antídoto para o abandono do corpo é, como sempre, primeiro estar consciente de que saiu, e depois voltar lenta e delicadamente. Começar percebendo uma respiração e depois outra. Tomar consciência da tensão no corpo. Mexer os pés. Sentir a superfície da cadeira em que está sentado ou da terra em que está em pé. Pouco a pouco, os permissivos precisam começar a reconhecer as dicas de fome e saciedade. Precisam começar o processo de aparecer em suas pernas, seus braços.

Os restritivos sabem quando estão com fome (exceto quando o padrão chega ao extremo da anorexia e a fome desaparece) e quando já comeram o bastante. Geralmente não lhes ocorre comer o que quiserem. Querer é assustador; significa perder o controle. Por isso, começamos lentamente, gentilmente, reconhecendo alimentos que eles talvez queiram, mas que não estão na lista de seus alimentos preferidos. Iogurte natural, por exemplo, geralmente causa uma reação de horror no restritivo. *Chantilly* pode evocar um pandemônio. No entanto, como lembro aos restritivos com quem trabalho, estamos falando de comida. Se a ideia de que um pouco de *chantilly* tem o poder de derrubar sua noção de *eu cuidadosamente construída*, precisamos descobrir quem você pensa que é. Uma criança pequena que acredita que precisa administrar seu ambiente para que todos sejam felizes e ela esteja segura? É a que acredita que quanto menos tem menos problemas terá? Quando você entende que acredita ser uma criança que não existe mais, é como tirar o fone do ouvido e perceber de repente todo o barulho dos pássaros. Você começa o processo de perceber o que realmente existe. O que está aqui, agora.

Algumas palavras finais sobre rótulos:

Todo mundo é tanto permissivo quanto restritivo. Um restritivo transforma-se em permissivo no momento em que se entrega à compulsão. Uma permissiva se torna restritiva todas as vezes que decide seguir um programa, mesmo que essa decisão dure duas horas.

O uso de nomes para definir comportamentos humanos complexos e multidimensionais é algo conveniente, mas também pode ser usado para nos distanciarmos de um entendimento completo do padrão que estamos definindo. Gravitamos em torno de rótulos porque é sempre um alívio ser visto, nos descobrirmos em descrições.

Muitas vezes, porém, acabamos explicando nosso comportamento encolhendo os ombros: "É, eu como desse jeito porque sou de Virgem com ascendente em Escorpião, que é a filha adulta de um alcoólatra, que é também um seis no Eneagrama que é também uma Permissiva.". Os rótulos podem transformar-se em desculpas para a preguiça. "*Não preciso ter curiosidade em relação ao que faço porque já sei os motivos do meu comportamento: sou Restritiva. Se sou rígida em relação ao que como, é porque os restritivos gostam de estrutura. Problema resolvido.*". O que surgiu como forma de encontrar semelhanças em uma relação complexa de comportamentos se torna uma maneira de desmerecer esse mesmo comportamento como se já fosse conhecido e entendido.

Introduzo o Eixo Restritivo-Permissivo da alimentação emocional de maneira leve nos retiros porque ajudam a revelar padrões que eram mistificados ou dolorosos. Quando, porém, minhas alunas começam a tentar encaixar-se em um desses rótulos ou a usar esses rótulos para justificar seus hábitos alimentares, digo-lhes para esquecerem que ouviram as palavras permissiva ou restritiva.

Se esses subtipos revelam algo a respeito da sua relação com a comida que antes passava despercebida, use-os. Se os rótulos deixam-na confusa, se percebe que está brigando com eles (ou comigo) porque não consegue se encaixar, lembre-se de que são apenas dedos apontando para a Lua, não a Lua em si.

Se o amor pudesse falar

Quando percebi como era simples acabar com a compulsão alimentar — comer o que seu corpo pede quando você está com fome e parar quando está satisfeita — foi como se tivesse pulado para fora da vida-como-eu-a-conhecia e me descobrir de repente em outra galáxia. Como se eu tivesse tentado atravessar um terreno de areia movediça com botas de chumbo e estivesse agora flutuando em um mundo sem gravidade e tudo o que precisei fazer — tudo o que precisava ter feito — foi tirar as malditas botas.

Eu estava convencida de que, uma vez divulgada a informação, assim que as pessoas percebessem que já tinham a resposta para seus problemas alimentares, a indústria multibilionária das dietas entraria em colapso. Conseguiríamos chegar ao nosso peso natural e não seríamos mais consumidos pelo consumo, partiríamos para o desmantelamento das armas nucleares, acabando com nossa dependência do petróleo e descobrindo procedimentos não cirúrgicos para corrigir a pálpebra caída. Em vez disso, as pessoas me olharam com desconfiança — *"Fome? O que é que a fome tem a ver com comida?"* — e hostilidade em graus variados. Regis Philbin (antes de Kelly Ripa entrar para seu programa) virou os olhos e disse:

— Ora, o que é isso? Você está dizendo que se eu quisesse tomar um *sundae* com calda de chocolate quente todos os dias durante três semanas, poderia fazer isso e perder peso?

— Humm... Sim. — respondi.

Regis pareceu surpreso, sem saber o que dizer. Além de esperar uma resposta, ele provavelmente estava esperando que eu pronunciasse uma palavra com duas sílabas. Agora, só algumas décadas depois, eis minha resposta: se você realmente prestar atenção ao que o seu corpo (ou sua mente) deseja, vai descobrir que ele não quer três semanas de *sundaes* com calda de chocolate quente, apesar da salivação que a simples menção dos *sundaes* provoca. Além da necessidade que seu corpo tem de outros alimentos, há também o fato de que no momento em que diz a si mesma que pode, no momento em que o tabu é removido, os *sundaes* com calda de chocolate quente se tornam algo tão comum quanto sardinhas. Pergunte a qualquer mulher que tenha se apaixonado por um homem casado ou por qualquer outro homem não disponível por algum motivo. Pergunte sobre a paixão (e sua falta) quando essa paixão torna-se disponível e de, repente, ela pode ter o que achava que queria. É um axioma tanto no amor quanto na comida que o fato de conseguir o que você quer é diferente de querer o que não pode ter.

A maioria de nós fica tão envolvida com a intransigência do Problema-Comida-e-Peso que não consegue ver que se deve em grande parte à nossa recusa em largar as malditas botas. Somos como as pessoas daquelas experiências com cegueira ligada à atenção que se concentram tanto na bola durante o jogo de basquete que nunca percebem, nem uma vez, a mulher com roupa de macaco atravessando a quadra várias vezes.

Aqueles de nós que estão muito focados na comida e no peso nunca levam em consideração o fato de que estamos ignorando a solução mais óbvia. Dizemos a nós mesmos que a resposta está Lá Fora e que nossa tarefa é continuar procurando, nunca desistir até encontrarmos a resposta certa. Em um mês, trata-se de alimentos brancos. Depois, é a química cerebral. Descobrir o remédio certo. O gene da gordura. Cirurgia de redução do estômago. O vício em açúcar. Alimentos de acordo com o tipo sanguíneo. Alimentos alcalinos e formadores de ácidos. Embora a atenção a algumas dessas questões possa realmente facilitar a luta, costumamos buscar respostas para abdicar da nossa responsabilidade pessoal — e com isso, qualquer lembrança de poder — para a nossa relação com a comida. Sublinhando cada ataque frenético de envolvimento passional com a mais recente solução está a mesma falta de interesse em olhar para os próprios pés. A mesma convicção de que "eu não tenho o poder de fazer nada em relação a esse problema". Queremos que façam, queremos que nos consertem, mas como a resposta não se encontra onde estamos procurando, nossos esforços estão fadados ao fracasso.

Libertar-se da obsessão não é algo que você possa fazer; trata-se de saber quem você é. Trata-se de reconhecer o que a mantém e o que a deixa exausta. Reconhecer o que você ama e o que acha que ama porque acredita que não pode ter.

Durante os primeiros meses de idas e vindas sem minhas botas de chumbo, qualquer alimento ou modo de comer (no carro, em pé, escondida) que me deixasse desorientada, sem energia, que me fizesse sentir mal em relação a mim mesma, logo perderam seu apelo. No outro lado da Lua, na galáxia sem gravidade, ficou evidente que comer só dizia respeito a uma coisa: nutrir o corpo. E este corpo queria viver. Este corpo adorava estar vivo. Adorava movimentar-se com facilidade. Adorava poder ver, ouvir, tocar, cheirar, sentir o gosto — e a comida era muito importante para tudo isso. A maneira de comer era outra forma de voar.

As Diretrizes Alimentares mostram o que é comer enquanto outra forma de voar. Quando é relaxante e nutre, liberta e sustenta. Escrevi extensamente sobre as Diretrizes em meus três primeiros livros; existem versões adaptadas em outros livros e a indústria das dietas cooptou algumas ideias (A Dieta Sem Dieta, por exemplo), mas elas ainda servem como indicadores fundamentais para a alimentação intuitiva. E portas fascinantes para mostrar como comemos e, consequentemente, como vivemos.

Nem sempre considerei as Diretrizes tão interessantes. Quando as ensinei pela primeira vez, eu as via como instruções chatas, mas necessárias para nos libertarmos da alimentação emocional. Eu acreditava na perspectiva cultural dominante sobre a obsessão com comida como um problema banal das mulheres que precisava ser removido para que pudéssemos nos concentrar nas preocupações espirituais, intelectuais e políticas mais urgentes. Depois, porém, de trabalhar com tantas mulheres com tanto sofrimento, acredito que o fato de mais da metade das mulheres nos Estados Unidos estarem afundando na areia movediça da obsessão com comida seja uma preocupação espiritual, intelectual e política — o que significa que as Diretrizes são uma prática espiritual. Se essas mulheres conseguissem desembalar sua dor (começando por permitir-se a usar a comida como forma de apoio em vez de punição) e dizer a verdade sobre suas vidas — parafraseando a poeta Muriel Rykeyser — o mundo se abriria.

Um pouco de abertura poderia ser suficiente, pois nossa objetivação da questão — incluindo os corpos de mulheres — é uma causa parcial do desastre apocalíptico em que agora nos encontramos. Em vez de tratar nossos corpos com reverência, nós o tratamos como lixo; tentamos dobrá-lo à nossa vontade. Considerando que estamos penduradas em um precipício — seja por causa do derretimento das geleiras ou das taxas de obesidade infantil — podemos deduzir que nossa maneira de agir não está funcionando. As Diretrizes oferecem outro caminho.

Cada uma tem seu equivalente não-alimentício, sua dimensão "espiritual" não aparente. Você pode comer escondido, por exemplo, esconder o que come da família e dos amigos, mas também pode esconder seus verdadeiros sentimentos. Pode mentir para as pessoas em relação ao que acredita, ao que deseja e ao que precisa. E você pode examinar sua vida olhando para a maneira como vive ou como come. São caminhos para o que está subjacente e além da comida: para aquilo em você que nunca sentiu fome, nunca foi compulsiva, nunca ganhou ou perdeu um quilo.

* * *

Embora permissivas e restritivas tenham relações completamente diferentes com as orientações concretas (de outra pessoa) e a estrutura (como as Diretrizes Alimentares), tanto a adesão servil à orientação e à estrutura quanto a aversão absoluta precisam ser examinadas. Tanto permissivas quanto restritivas precisam de uma espécie de bússola — mesmo uma tão solta quanto as Diretrizes Alimentares — para atravessar a escuridão da compulsão. Apesar de soar adorável, a frase: *"Fique sossegada! Sua verdadeira natureza tomará conta de tudo"*, geralmente significa ficar sossegada com seus hábitos de alimentação arraigados. O que significa sua maneira habitual de morrer de fome e de se empanturrar.

Recebo muitas cartas de restritivas que se tornaram permissivas e que não conseguem abandonar a rebeldia contra os anos em que lhes diziam quando e quanto comer. Elas agora não aguentam mais qualquer coisa que lembre regras ou programas alimentares, quando antes eram obedientes.

A rebeldia contra algum tipo de orientação concreta é apenas o outro lado da obediência servil. De qualquer maneira, você não está livre porque a regra em si ainda está determinando seu comportamento.

Quando as permissivas se rebelam contra a estrutura ou quando as restritivas tornam-se permissivas e se rebelam contra a estrutura, não é a estrutura que está causando tanta confusão, mas a maneira como está sendo interpretada. As histórias que está contando a si mesma a respeito dela. Como você está definindo fracasso, sucesso. Quem você pensa que é. O significado que você dá a perder ou ganhar peso. *"Minha vida está perdida a menos que eu coma todas as vezes que tiver fome nos próximos 12 anos."*. *"Sou um fracasso tão grande que não consigo perceber quando estou com fome"*.

Pegue uma Diretriz de cada vez. Olhe para a lista e verifique qual delas você segue. Qual delas você gostaria de varrer da face da Terra e quais considera brilhantes. No final da semana, você conseguirá visualizar onde e como sua compulsão se manifesta. Então, poderá decidir qual é a Diretriz que quer aprender naquela semana, naquele mês.

Confie no processo, confie no seu desejo de liberdade. Eventualmente, você irá querer parar de fazer qualquer coisa que interfira com o brilho crescente que você passou a associar com estar vivo. E tenha a certeza de que, assim como a borboleta que bate suas asas em uma parte do mundo e causa um furacão em outro, todas as vezes que uma mulher alinha sua alimentação com o relaxamento, todas as vezes que ela tira as malditas botas de chumbo, os laços se abrem para o resto de nós.

Sendo *sundaes* com calda de chocolate quente

As Diretrizes Alimentares parecem bonecas russas: são exatamente o que parecem ser e também são mundos que se abrem interminavelmente para outros mundos. Podemos, por exemplo, interpretar a diretriz Coma o que Quiser apenas em relação à comida. Um avanço notável irá ocorrer: você pode começar comendo tudo o que está à vista e então perceber que tudo o que está à vista é uma reação, uma rebelião para a regra não verbalizada que diz que você não pode ter o que quer. Quando, porém, você diz a si mesma que pode ter o que quiser, a regra cai — e com ela toda sua reação. Você se vê lentamente descobrindo alimentos que você e seu corpo realmente querem. Os alimentos que lhe dão energia, que a despertam, sustentam. Quando você descobre que é possível sentir-se bem deixando de comer certas coisas e incluindo outras, a compulsão começa a desfazer-se porque você descobre algo melhor: ter sua vida de volta. A evolução do comer selvagemente para comer com o intuito de nutrir sua força de vida varia de pessoa para pessoa, mas se você se vê comendo tudo o que não a coma primeiro por mais do que algumas semanas, está usando as Diretrizes como uma desculpa para a compulsão.

Comer o que quiser também inclui querer o que é saudoso — uma expressão do desejo do coração —; o que inclui beleza e vontade de saber o que está além do mundo das aparências. "*Todo o querer — amor, ser visto pelo que somos, ter um novo carro vermelho*", escreve John Tarrant, "*é querer encontrar e ser levado para a misteriosa profundeza das coisas.*". Em uma carta para Albert Einstein, uma criança escreveu: "*Quero saber o que existe além do céu. Minha mãe me disse que você poderia me dizer.*". Reduzindo todo o nosso querer a algo tão tangível quanto um pudim de caramelo, eliminamos a poesia, o sagrado, o desejo das nossas vidas e nos resignamos a viver com o coração fechado. A simples instrução Coma o que Quiser começa a abrir o que ficou escondido a vida inteira.

De uma aluna do retiro:

> Todas as vezes que vou comer, é como se estivesse confirmando o conhecimento secreto de que, no fundo, sou uma pessoa má, que o amor e a beleza não foram feitos para mim, que estou sozinha, condenada e destinada a ficar neste purgatório perpétuo. Tocando a vida, fazendo um bom trabalho no mundo, me envolvendo com a comunidade, mas sempre voltando para a verdade dura, fria, desta solidão seca e as limitações inerentes à minha vida. Apesar da realidade de que há tanta coisa disponível, continuo comendo demais

para me impedir de ter essas coisas, e também para me confortar, porque sinto que não mereço ou que não tenho esse direito.

Perpetuo minhas crenças comendo. Uma das coisas que reparei no domingo durante nossa meditação da refeição foi como, quando estava comendo, senti meu peito — meu coração — fisicamente apertado. Eu me senti mal por estar comendo e senti como se alguém devesse levar a comida embora, ou que eu mesma deveria afastá-la de mim, por isso o aperto. É como se eu tivesse construído uma parede no coração que ninguém consegue atravessar, que nenhuma intimidade pode penetrar. Mantenho as pessoas distantes e uma das maneiras de fazer isso é comendo.

Estou começando a entender que toda esta luta com a comida não tem nada a ver com disciplina ou autocontrole ou negociação comigo mesma; não tem nada a ver sequer com a comida. É uma história — uma história poderosa — sobre amar, querer e ter.

Nas primeiras semanas em que comi o que queria, confundi o que não me permitia comer sem sentir culpa com aquilo que o meu corpo queria. E como fazia dieta há 17 anos, minha lista de alimentos proibidos era longa. (Apesar de comer compulsivamente há tanto tempo quanto fazia dieta, não estava livre. Os compulsivos nunca estão livres. Depois da segunda ou terceira mordida, tornam-se exercícios de autotortura e culpa, como se estivesse me cortando com uma faca, me atirando contra a parede. A cada compulsão eu ficava assustada, desesperada e doente).

Quando eu disse a mim mesma que dessa vez podia comer o que quisesse — sem ameaça de dieta na segunda-feira pelo resto da vida —, fui direto para os alimentos que nunca podia comer (na minha infância). Foi como se, ao me permitir comer o que não podia comer quando criança, eu acreditasse que poderia ter o que nunca tive. Como se refazendo parte da história, eu pudesse refazer o enredo, como se estivesse planejando secretamente uma segunda infância.

E, como já escrevi antes, fiquei tão contente com a minha decisão de nunca mais fazer dieta que não percebi que estava rodando em uma névoa de açúcar comendo apenas alimentos crus e *cookies* de chocolate. Precisava provar a mim mesma que o que eu mais queria não era proibido, mas o que eu não entendia era que eu não queria os *cookies*; eu queria a sensação que me proporcionava o fato de eles serem permitidos: bem-vinda, merecedora, adorada.

Nunca foi verdade, jamais, que o valor de uma alma, de um espírito humano depende de um número na balança. Somos seres únicos de luz, espaço e água que precisam desses veículos físicos para circular. Quando começamos a nos definir pelo que pode ser medido ou pesado, alguma coisa dentro de nós se rebela.

Nós não queremos *comer sundaes* com calda quente tanto quanto queremos que nossas vidas *sejam sundaes* com calda quente. Queremos voltar para casa, para nós mesmos. Queremos conhecer a maravilha, o prazer e a paixão e, se em vez disso, nós desistirmos de nós mesmos, se esvaziarmos nossos desejos, se deixamos as possibilidades para trás, sentiremos um vazio que não conseguiremos descrever. Vamos sentir como se estivesse faltando algo porque alguma coisa está faltando — a ligação com a fonte de toda a doçura, todo amor, toda força, paz, alegria e quietude. Como já a tivemos — nascemos com ela —, não há como evitar que nos assombre. É como se nossas células lembrassem que aquele lar é um palácio fabuloso, mas estamos vivendo como pedintes há tanto tempo que não temos mais certeza se o palácio não foi um sonho. E se foi um sonho, então, pelo menos, podemos comer sua lembrança.

Durante as primeiras mordidas, e antes de ficarmos tontas por termos comido demais, tudo o que queremos é possível. Tudo o que perdemos está aqui agora. E por isso ficamos com a versão concreta do nosso eu perdido na forma de comida. E uma vez que a comida torna-se sinônimo de compaixão, amor ou satisfação, você não pode deixar de escolhê-la, por mais alto que seja o preço. Não importa que os médicos lhe digam que não viverá mais um mês com esse peso. Porque quando você está perdida, quando está sem um teto, depois de passar anos separada de quem você é, as ameaças de ataque cardíaco ou pressão nas juntas não a comovem. A morte não assusta aqueles que já estão semimortos.

O príncipe da obra clássica de Mark Twain, *O Príncipe e o Mendigo*, vestido em farrapos, proclamava: *"Eu sou o rei, eu sou o rei, você não podem me controlar!"*. Ele continuou seguro de sua herança real mesmo quando ninguém mais acreditava nele, mesmo quando foi atirado na prisão. A maioria de nós, porém, passou tantos anos questionando seu direito de ocupar um espaço que só conhecemos uma maneira de sermos ouvidas: *"Eu sou a rainha, eu sou a rainha, vocês não podem controlar o que como!"*, dizemos. Depois de anos confundindo fome física com fome espiritual, e depois de anos dizendo a nós mesmas que o que somos é o que pesamos, nós desenvolvemos uma sensibilidade muito grande quanto ao que nos dizem em relação ao que comer, quando comer e quanto comer. É como se, em certo nível, nosso brilho solto ainda que inconsciente levantasse a cabeça e dissesse: *"Eu não ficarei enjaulado. Eu não serei limitado"*.

O maior desafio de qualquer sistema que aborda questões relacionadas ao peso é abordar também a parte de você que quer algo que você não sabe dizer o nome — o centro do seu coração, e não o tamanho das suas coxas — ou então não funcionará. Nós não queremos ser magras porque a magreza é inerentemente afirmativa, adorável ou saudável. Se isso fosse verdade, não haveria tribos na África em que as mulheres são gordas e majestosas e vivem muito. Não haveria histórias de matriarcados em que a fecundidade e a beleza das mulheres eram adoradas.

Queremos ser magras porque a magreza é a suposta moeda corrente da felicidade, da paz e do contentamento em nossa época. E, embora essa moeda seja uma mentira — os jornais estão cheios de celebridades magérrimas infelizes —, a maioria dos sistemas de perda de peso falha porque não cumpre o que promete: a perda de peso não traz felicidade para as pessoas. Ou paz. Ou contentamento. A magreza não resolve o vazio que não tem forma, peso ou nome. Até mesmo uma dieta extremamente bem-sucedida é um fracasso colossal porque dentro do novo corpo está o mesmo coração apertado. A fome espiritual não pode ser resolvida no nível físico.

Um famoso mestre *zen* disse: "Não existe certo. Não existe errado. Mas o certo é certo e o errado é errado.".

O mesmo vale para as Diretrizes Alimentares. Elas não garantem uma vida livre da alimentação emocional, mas você não conseguirá libertar-se da obsessão por comida se não as seguir. A comida tem um efeito direto sobre o nosso apetite e nossa disposição de questionar, de discernir o que é verdadeiro, trabalhar para voltarmos para o que amamos. A comida — como matéria voltada para o espírito — é a ligação direta entre o físico e o espiritual, entre o que colocamos em nossa boca e com o que alimentamos nosso coração. Paixão, força, alegria não podem ficar raízes em corpos exaustos, queimados, semimortos.

Em um *workshop* que fiz recentemente, fizemos um exercício simples: as pessoas receberam uma pequena xícara com três tipos de alimento diferentes. Um dia foi uma uva, um biscoito e um pedaço de chocolate. No dia anterior, tinha sido um chocolate *Kiss* da *Hershey's*, uma *tortilla chip* e duas uvas passas. Tenho feito versões desse exercício desde que comecei a fazer palestras e todas as vezes — sem exceção — o efeito é espantoso, porque quando você come apenas uma coisa de algo lentamente, olhando para o que está comendo, segurando-o contra a luz, esfregando-a nos seus lábios, rolando-o na boca, todas as esperanças, sonhos e fantasias que você depositou na comida ficam evidentes. Uma pessoa disse: *"Um é suficiente, mas quando penso em todos os outros que estão no pacote, é como se estivesse perdendo tanta coisa! Como se o amor estivesse esperando por mim e comendo apenas um eu estivesse lhe dando as costas."*. Nós duas sabíamos que o que ela estava dizendo não era literalmente verdadeiro. Que, se ela comesse o pacote todo, estaria dando as costas não apenas ao amor, mas a qualquer possibilidade de sentir-se bem. Ainda assim, suas crenças sobre privação e ter o suficiente estavam tão identificadas com os alimentos que, ao menos que ela se dispusesse a sentir alguma curiosidade sobre o que a comida estava representando, continuaria a acreditar que um pacote de chocolates *Kisses* da *Hershey's* seria o cominho para a terra prometida.

Você tem de estar disposta a ir até o fim. A entender que a comida é um substituto para o amor e a possibilidade e o que quer que você chame de verdadeira natureza de Deus. Caso contrário, você continuará ganhando e perdendo peso pelo resto da vida. Continuará esfregando as mãos, lamentando e sentindo-se uma vítima. E, como digo à minhas alunas, apesar de não ficar sozinha, se decidir passar o resto da vida dessa maneira — a maioria das pessoas que lutam com a comida e com o peso faz exatamente isso —, é bom entender que a escolha é sua. Você tem de decidir o que irá fazer — como diz Mary Oliver — com "*sua única e preciosa vida*".

Uma das minhas alunas disse: "*Eu não sigo as Diretrizes Alimentares a não ser quando estou comendo naturalmente e não correndo de mim mesma ou de meus sentimentos.*". Quando falei com ela, perguntei o que queria dizer com aquilo, pois, ao seguir as Diretrizes, fica implícito que você está "*comendo naturalmente e não fugindo dos seus sentimentos*". Ela disse: "*Acontece que, por mais que eu tentasse seguir as Diretrizes, eu sempre as seguia com o coração pesado. Acreditando que você precisa segui-las ou está tão desesperada quanto acha que está. E como eu as estava seguindo porque estava desesperada, não conseguia sentir-me feliz, satisfeita ou livre.*".

Minhas alunas do retiro me ensinaram que não importa a maneira como isso é feito; dar orientações sobre alimentação para as pessoas — mesmo quando envolvem confiança e bastante chocolate — é sempre arriscado. As Diretrizes, apesar de apontarem para o relaxamento e a liberdade costumam ser vistas como — suspiro — mais um conjunto de regras a seguir. Mais um conjunto de regras para jogar fora. Sete maneiras de rebelar-se.

Durante um intervalo para almoço há alguns anos, depois de passar três horas falando sobre as Diretrizes, entrei na sala de jantar, onde as pessoas estavam atacando seu almoço com o que só pode ser descrito como frenesi alimentício, e fiquei observando minhas queridas alunas, que estavam enchendo os pratos de comida.

"*Humm*", pensei. "*Parece que meu discurso não foi muito bem assimilado no departamento da prática.*" Toquei um sino e todas abaixaram os pratos. (Aviso: NÃO tente fazer isso com sua família ou amigos. A menos que as pessoas estejam pagando para que você interrompa a refeição, você corre o risco de levar um tiro como um alce no castelo de Balmoral se ficar entre uma pessoa faminta e sua comida. Até os meus colegas de trabalho — amigos próximos — no retiro me olham com fúria quando toco o sino para largarem os pratos.)

Desde aquela tarde fatídica, passamos pelo menos uma ou duas refeições por dia no retiro fazendo um exame ativo da comida que temos em nossos pratos,* mas aquele almoço foi o primeiro. Depois de desviar de uma série de olhares venenosos e de um sonoro "*Não!*" fui rapidamente ao ponto:

* Ver capítulo *Estrelas trituradas*.

— Passamos a manhã falando sobre fome, satisfação e sinais do corpo — as Diretrizes Alimentícias. E estou curiosa para saber como isso está afetando vocês.

Seguiu-se um silêncio profundo. Então uma pessoa teve coragem de perguntar:

— *Que Diretrizes Alimentares?*

Outra disse:

— Ah, AQUELAS. O que é que isso tem a ver com o almoço?

No dia seguinte, para tentar neutralizar a rebelião contra um conjunto de regras que elas acreditavam estar mascaradas sob o nome de Diretrizes, comecei a chamá-las de Instruções Se o Amor Pudesse Falar. Eu disse às minhas alunas que, se o amor pudesse falar com elas a respeito de comida, diria: "*Coma quando estiver com fome, querida, porque se não fizer isso você não irá apreciar o sabor da comida. E por que fazer algo que você não aprecia?*". Se o amor pudesse falar com você, iria dizer-lhe para comer o que seu corpo deseja querida, caso contrário você não se sentirá tão bem e por que andar por aí se sentindo cansada ou deprimida por causa do que colocou na boca? Se o amor pudesse falar, queridinha, iria dizer-lhe para parar de comer quando você tiver comido o bastante ou se sentirá desconfortável e por que passar um minuto que seja com desconforto?"

Elas gostaram. Riram. Entenderam que aquilo era o que as Diretrizes estavam tentando fazer: ensinar-lhes a arte de reverenciar-se com comida. Elas ainda continuavam rebeladas.

Elas me ensinaram que a alimentação emocional normalmente tem uma morte longa e demorada. Você ouve as Diretrizes (ou as Instruções Se o Amor Pudesse Falar) e pensa: "*Uau! Eu posso fazer isso!*". Então, descobre que sente uma vontade de pegar comida escondida, não consegue parar de olhar para a geladeira e talvez ser compulsiva não seja assim tão ruim. Mas assim que vislumbra a possibilidade de ser livre, saborear a facilidade de subir, não consegue recuar. Quando sabe, não pode desconhecer.

O amor fala, mas você pode não estar com vontade de ouvir. A qualquer momento em uma determinada tarde, você pode estar mais interessada em usar a comida como droga, em comer o bolo inteiro. É isso o que vai acontecer durante algum tempo. Minha sugestão é começar devagar. (Se você transformar essas instruções em outro projeto — como ir para a academia cinco dias por semana depois de ter passado seis anos sem qualquer atividade física —, você vai se entusiasmar e esvaziar rapidamente.) Observe quais são as instruções com as quais você se alinha e quais as que prefere esquecer. Escolha uma de que você goste. Preste atenção a ela durante a semana. Observe a diferença entre segui-la e ignorar sua existência.

As Diretrizes Alimentares parecem uma lista de coisas a fazer — e no nível mais óbvio é isso mesmo —, mas também são uma descrição da liberdade sem limites que está sempre a uma mordida de distância. As Diretrizes são um caminho para o mirante e, são também, a paisagem deslumbrante. São o meio para acabar com a compulsão alimentar e descrições de qual é a sensação quando isso é alcançado. São sempre verdadeiras porque descrevem a verdade como ela se expressa através da comida.

Viver com as Diretrizes é uma prática espiritual porque para segui-las basta presença, consciência e o imediatismo de estar nesse momento exato. Costumo dizer às minhas alunas que se no início tudo o que conseguem é estar conscientes das Diretrizes quando comem — mesmo que por apenas cinco minutos — estarão entrando em contato com o que é maior do que seus desejos conflitantes e respostas condicionadas à privação de fomes antigas. Quando mesmo que apenas um momento dessa parte "espiritual" é vivida com a comida, existe uma inclinação natural para querer continuar explorando, continuar descobrindo, continuar tocando o lugar que nunca conheceu o sofrimento — o que é, afinal de contas, a função de qualquer prática espiritual.

Há sete anos, uma aluna que vinha pela primeira vez a um retiro referiu-se a si mesma como "semente danificada". Ela era uma escritora maravilhosa e bem-sucedida, envolvida em um relacionamento com um homem que amava, mas seus sentimentos a respeito de si mesma eram obscuros e conflituosos e seu peso era a expressão mais evidente.

Depois de alguns anos participando dos retiros, ela "despertou" para si mesma. De repente, ela percebeu que tinha escolhas sobre o que fazer com seu tempo, como viver sua vida. Começou a dizer não. Para as pessoas com quem não queria estar, para os lugares aonde não queria ir. "*Eu disse não até para as Whiners and Diners*",* ela contou —. "*Foi como se de repente eu tivesse percebido que não preciso provar mais nada para a minha mãe. E é uma vida completamente diferente. Uma vida iluminada*". Ela disse que "*Antes, sentir-me bem não era uma prioridade. Não era importante. Sequer pensava nisso. Por que alguém que se considera uma semente danificada acreditaria que merece sentir-se*

* Um grupo de sete mulheres que se encontrava uma vez por ano, há 20 anos, para falar mal de si mesmas, como por exemplo, de como eram horríveis as próprias coxas.

bem? Mas agora, diminuí o ritmo. Estou seguindo as Diretrizes Alimentares não porque são Diretrizes; eu as estou seguindo porque são a única forma de alimentação que faz sentido".

Os professores espirituais de todas as tradições descrevem uma profunda quietude que é a verdade nua e crua da verdadeira natureza de todo mundo, mas ela precisa ser quebrada em pedaços por meio de palavras e práticas porque é grande demais para ser assimilada, especialmente quando as pessoas estão totalmente convencidas dos danos em seu âmago. O propósito do caminho espiritual ou de uma religião é oferecer uma forma precisa e crível para o que parece inacreditável.

Na arena da comida-e-peso, as Diretrizes Alimentares são tanto a prática espiritual quanto física. Elas oferecem um caminho preciso para o estar-se no momento assim como um caminho concreto para o sentir-se bem. São descrições do que seria alimentar-se caso você não tivesse qualquer problema com a comida. Você ouviria seu corpo. Iria comer para nutrir-se. Iria se amar com comida. As Diretrizes são exatamente aonde você vai chegar quando estiver cansada das juntas doloridas. De viver se arrastando. As Diretrizes nada mais são do que o entendimento de que seu corpo é seu e de que você pode comer como forma de ser você mesma. Quando percebe que não precisa provar nada para sua mãe, também vai perceber que comer pode ser para você. E depois de todos esses anos, todas essas dietas, todos esses quilos ganhos e perdidos, perdidos e ganhos, depois de comer para resistir, rebelar-se e lutar, você percebe que comer pode finalmente ser — e sempre foi — apenas para você.

O mantra "Que merda!"

Quando Mahatma Gandhi foi assassinado, as palavras que brotaram de sua boca foram *"Ram, Ram"*.* Ele repetia esse mantra há tanto tempo, que saiu de sua boa até mesmo quando uma bala entrou em seu corpo. Ouvi dizer que o grande mantra dos americanos — a primeira coisa que qualquer um diz quando fica diante de uma situação difícil, desde uma batida de carro até uma notícia de morte — é *"Que merda!"*. E o que me leva a acreditar nisso é o fato de que, ao verem as Diretrizes pela primeira vez, minhas alunas quase sempre dizem *"Que merda!"*.

— Que merda! Eu não quero.

* Nome hindu para a encarnação de Deus.

— Que merda! Vou ter de parar de ler minha revista na mesa do jantar.

— Que merda! De jeito nenhum. Ninguém pode me obrigar.

A questão da comida está abrigada em nossa mente em polos opostos. Ou posso comer o que quiser, ou não posso. Ou comer é divertido e como compulsivamente, ou não é e perco peso. De uma maneira eu sofro, de outra não. Ouvimos uma Diretriz e pensamos imediatamente: "*Privação. Problema. Não!*".

Não vejo as coisas dessa maneira. Quando uma diabética me diz que não pode comer o que quer porque o que ela quer poderá matá-la (e por isso ela se sente privada), respondo que o que pode matá-la é querer outra vida, outra condição diferente. O inferno é a falta de conexão entre o pensamento que diz "*Quero comer o bolo inteiro*" e a realidade de que comer o bolo inteiro a deixará em coma diabético. Não é a Diretriz que precisa ser examinada, é sua briga com a realidade. Não é o que ela come que a está matando, é sua recusa em aceitar sua situação.

Uma aluna de um retiro diz:

— A Diretriz sobre comer sem distrações não funciona comigo. Não consigo digerir a comida se não estiver lendo a *New Yorker* e não quero parar com isso.

— Então me diga... Por que veio ao retiro? — pergunto.

— Porque como demais. Porque me sinto péssima. Porque parece que não tenho o controle sobre a minha vida.

— O que acontece na mesa quando você lê?

— Bem, fico tão envolvida com o que estou lendo que não percebo o quanto estou comendo.

— Se ler e comer ao mesmo tempo faz com que você coma demais, e se comer demais a deixa infeliz, me diga por que é mesmo que você precisa ler enquanto come?

— Porque eu quero! Ela diz com tom desafiador. Porque me deixa feliz. Porque vivo sozinha e me sinto solitária se não ler.

— Então você lê para não se sentir solitária?

— Sim, eu acho que você pode afirmar isso.

— E qual é a ligação entre solidão e comer sozinha?

Ela revira os olhos, como se dissesse: "*Quem não sabe que as pessoas que moram e comem sozinhas são solitárias?*".

Silêncio.

Então...

— Todo mundo sabe que uma pessoa de 52 anos que vive sozinha é uma fracassada. Totalmente fracassada. Quando leio e como, não preciso enfrentar esse fato.

— Então não é o fato de comer sozinha que é doloroso, e nem é o fato de que comer sozinha leva à solidão. É o que você diz a si mesma sobre o fato de comer sozinha que é tão doloroso. É a história que você conta. É o pesadelo que você vive repetindo o que a deixa sentindo-se tão péssima. Eu também ficaria péssima se tivesse essa história na minha cabeça.

— Espere um segundo — ela diz. — Ninguém vai me convencer a parar de ler a *New Yorker*. É algo que me dá prazer.

— Ótimo! Você não vai parar de fazer nada até estar preparada. E se ler e comer lhe dá prazer, então não pare. O objetivo das Diretrizes é dar mais prazer à sua vida, não menos. Mas seria bom não dar muita atenção à história inteira: comer e ler ao mesmo tempo não lhe dá só prazer. Também lhe causa sofrimento. Não é isso.

As pessoas costumam dizer que minha abordagem é muito dura. É muito difícil estar consciente o tempo todo. É muito difícil comer sem distrações. É muito difícil parar mesmo quando já comemos o bastante. E digo que estar sempre consciente pode ser difícil porque trata-se de desenvolver uma nova habilidade, mas não ter consciência também é. As Diretrizes Alimentares podem ser um desafio porque questionam hábitos familiares e reconfortantes, mas não seguir as Diretrizes — comer no carro enquanto fala ao celular, dirigindo, passar batom enquanto tenta mastigar o pedaço de hambúrguer que está na sua boca sem deixar cair o *ketchup* na sua blusa — também é algo difícil.

Isso também vale para os sentimentos. Minhas alunas costumam dizer: "*Mas se eu seguir as Diretrizes e não comer para engolir minha tristeza, então vou ter de senti-la — e aí?*". Antes de responder à pergunta, digo que a tristeza já está presente e que a única coisa que a comida faz é criar outra fonte de tristeza: depois que a comida acaba, a fonte original de tristeza continua lá só que agora aumentada pela tristeza ou frustração ou desespero da sua relação conflituosa com a comida. Ao contrário de suas fantasias, a comida não leva embora a tristeza — ela a duplica.

Existem muitas maneiras de privar-se de algo: você pode privar-se de *cookies* ou pode privar-se do bem-estar depois de comê-los. Você pode privar-se da sua tristeza ou privar-se da confiança e do bem-estar que lhe proporciona o fato de saber que não será destruída por senti-la.

A verdade é que comer de qualquer outra maneira que não seja a indicada nas Diretrizes Alimentares é como comer tendo sido sequestrada, sendo refém de velhas experiências de privação e falta e ausência. Qualquer argumento que possa levantar contra as Diretrizes Alimentares representa uma discussão com o passado. Com a sua história. É uma discussão de uma parte antiga de você que está determinada a conseguir o que não conseguiu, a ter o que lhe negaram, a mostrar para quem queira ouvir — seus pais, seu irmão, seu namorado da oitava série — que ela merecia ser vista ou notada ou amada ou apreciada.

Pergunto às minhas alunas: *"Digam-me quantos anos vocês têm quando, mesmo diabéticas, querem açúcar? Quando precisam ler e comer para que os monstros assustadores da sua mente não arruínem sua vida? Quem é que quer comer doces sem parar? É a menina de quatro anos que está tendo um desejo? É a garota de oito anos que acabou de ouvir que é gordinha? Quem é que está tomando conta da sua vida?"*.

Não se trata de comida. Nunca teve nada a ver com comida. E também não tem nada a ver com sentimentos. Tem a ver com o que está por baixo deles. Com o que está entre eles. Com o que está além deles. Trata-se das partes de você que você acha que é. As partes com as quais você se identifica. Às vezes, peço às minhas alunas para me falarem a respeito da pessoa que elas chamam de "Eu-mim-minha". Peço-lhes para me falarem a respeito de suas necessidades, suas vontades, suas crenças. E todas as vezes — 100% do tempo — a pessoa que descrevem é uma construção, uma fabricação mental, uma imagem fantasiosa. Baseada em inferências, histórias, condicionamentos. Baseada no que acham que são por causa do que os pais lhes disseram; pela maneira como eram tratadas; por quem as amava ou não. Com o tempo, um conjunto de inferências se aglutina no que os psicólogos chamam de "autorepresentação" ou autoimagem e é isso que acabamos acreditando que sejamos nós mesmas. Quando falamos sobre "*sentindo como nós mesmas*", estamos nos referindo a essa compilação de lembranças e reações de outras pessoas a nós — muitas das quais ocorrem antes de sabermos nossos nomes.

Quando percebi, pela primeira vez, que toda a minha definição de mim mesma — quem eu achava que era — era basicamente uma criação da imaginação dos meus pais, fiquei ao mesmo tempo atônita e encantada. Eu havia me convencido da minha total inutilidade há tanto tempo que já havia parado de questioná-la e crescido como uma árvore em torno de suas deformidades.

Minha mãe havia passado anos me dizendo que eu era egoísta e foi sobre essa informação que construí um monumento à deficiência, mas ao ampliar o olhar míope sobre o eu-mim-minha, vi minha mãe com a idade de 25 anos, com dois filhos pequenos e um casamento sem amor, com uma necessidade desesperada de ter uma vida diferente. Com a pouca informação de que dispunha, e fazendo o melhor que podia, ela me chamava de egoísta porque eu queria mais do que ela podia dar. E como eu morreria por ela, e como toda criança precisa de que seus pais estejam certos, passei a acreditar que era a soma de suas limitações. Eu me via através dos olhos de uma mulher solitária, deprimida e problemática — e nunca questionei minha lealdade à sua visão. E também havia meu pai, que me via como uma loira burra e desmiolada. Junte loira burra e desmiolada a egoísta gorda desagradável e terá o que eu pensei a respeito de mim mesma durante quase 50 anos.

Psicólogos e professores espirituais chamam essa visão aprendida de nós mesmos de "ego", "personalidade", ou "falso eu". Isso é incorreto porque se baseia em inferência, não na experiência direta. É incorreto porque, se a ideia de você mesmo baseia-se no que sua mãe acha que você é, que, por sua vez, baseia-se no que a mãe dela achava dela; sua ideia de você mesma — a pessoa que fica magoada, que fica ofendida com as críticas, que é vinculada às opiniões ou preferências ou ideias dela — baseia-se em alguém que nunca conheceu você. Sua autoimagem é refratada tantas vezes — com inferências e lembranças e condicionamentos aprendidos — que não passa de uma sala de espelhos.

Fale sobre a grande mentira. Você não é quem pensa que é. Quase ninguém é. Porque embora as crianças venham a este mundo com um entendimento implícito de quem sejam, não têm consciência autorreflexiva. Elas sabem quem são, mas não sabem que sabem. E a única maneira que têm de descobrir é vendo-se através dos olhos de seus pais. Nós nos tornamos o que e quem nossos pais viram. Criações de sua imaginação. Então, como diz minha professora Jeanne, passamos nossas vidas seguindo as instruções que nos foram dadas dez, 30 ou 50 anos atrás por pessoas a quem hoje não perguntaríamos nem por um endereço na rua.

Por isso, quando me dizem que precisam comer e ler caso contrário podem morrer, eu pergunto que parte delas irá morrer. É aquela que acredita que pessoas de 52 anos são fracassadas se comem sozinhas? Quando foi que aprenderam isso? Quem lhes disse isso? Porque, ao sermos alimentados, descobrimos uma das primeiras formas de amor, e como éramos totalmente dependentes dos nossos pais para sobreviver, questionar o emaranhado de crenças no amor e comida pode muitas vezes parecer uma questão de vida e morte. *"Vou morrer se não conseguir aquele chocolate agora."* *"Vou morrer se não puder comer e ler."* A verdade é que só as crenças em relação a você mesma é que morrerão, mas enquanto você achar que é a menina de dois, oito ou dez anos que precisa acreditar na mãe para sobreviver, comer chocolate ou ler a revista ou comer no carro parecerão tão importantes para você quanto respirar.

Não é de admirar que as pessoas digam *"Que Merda!"* quando veem as Diretrizes.

Trabalhar com a obsessão por comida é, acima de tudo, trabalhar com sua lealdade ao seu eu velho, falso, egóico, pois qualquer contestação que você tenha em relação às Diretrizes não vem de uma versão atual de você mesma. Encaremos os fatos: não é preciso ser um gênio para entender que se você está comendo direto da geladeira, não está sendo tão gentil com você mesma quanto poderia. Se está comendo no carro, é difícil sentir o gosto da comida enquanto evita que o carro não bata no carro da frente. E se está dizendo a si mesma que os biscoitos quebrados não contam porque quando os biscoitos quebram o mesmo acontece com as calorias, você está sendo engraçadinha (certo, muito engraçadinha), mas também está mentindo para si mesma.

Quando você corta o cantinho de um bolo, quando corta pequenos pedaços nas laterais todas as vezes que passa e você passa centenas de vezes por dia, e diz a si mesma que esses pedacinhos não contam como um pedaço inteiro de bolo, você está se enganando. Você quer o bolo, mas não gostaria de querer o bolo, por isso está tentando encontrar uma maneira de conseguir o bolo sem admitir para si mesma que o está comendo. Quando você diz que quer perder peso, mas está sempre comendo mais, mesmo após sentir-se satisfeita, não está se permitindo saber a verdade. A satisfação com a comida não é algo difícil de sentir, mas é preciso atenção. É preciso estar disposta a desacelerar porque pode acontecer no meio de uma mordida e se você estiver ocupada lendo ou dirigindo ou assistindo à televisão, você não irá perceber. Por isso, quando você não presta atenção àquilo que poderia ajudá-la a parar de comer emocionalmente, precisa se perguntar se realmente quer parar. E se tiver a preocupação de que não terminar a comida que está no seu prato é como dar um tapa na cara de todas as pessoas famintas de toda parte, é sinal de que você não está vivendo na realidade. A verdade é que ou você joga a comida para fora ou para dentro, e em ambos os casos será um desperdício. O problema da fome mundial não será resolvido com o purê de batata que está no seu prato.

As Diretrizes são intuitivas, simples, diretas. Uma criança de quatro anos poderia segui-las. Uma criança de quatro anos as segue. Antes que houvesse algo como as instruções que lhe indicavam as mensagens básicas do seu corpo, houve um tempo em que não lhe teria ocorrido qualquer outra coisa.

A cada novo encontro, as pessoas me dizem: "Mas eu trabalho em um escritório, os horários de almoço são determinados — como posso comer quando estou com fome?" ou "Tenho três filhos pequenos com idades abaixo de seis anos e ainda vai demorar uns mil anos até haver um ambiente calmo em minha casa — como posso comer sem distrações?".

Todo mundo vive uma determinada situação. Todo mundo tem uma vida em que é preciso haver uma reinterpretação das Diretrizes. Você talvez precise ajustar o horário das suas refeições para estar com fome no horário do almoço. Ou talvez precise fazer uma caminhada durante o horário de almoço e comer alguma coisa menor em outro intervalo menor. Você talvez precise conversar com uma nutricionista ou com um médico para avaliar as necessidades e desejos do seu corpo. Você talvez precise comer sozinha uma vez por semana ou uma vez por dia para se familiarizar com os diferentes níveis de fome: quando chega pela primeira vez, quando é moderada e quando é tão forte que você se dispõe a comer qualquer coisa que não a coma antes. Todos vivemos em uma determinada situação, mas encontrar soluções não é a parte mais difícil.

A parte difícil é permitir-se saber o que você já sabe. O que você sabia quando tinha quatro anos, mas esqueceu. A parte difícil é soltar-se do "não pode" e "não vai", do habitual rodeio em torno da comida para prestar atenção à canção mais profunda, à verdade mais profunda: você sem a sua história de você. Você como você vive diretamente, aqui, agora. Quando você senta, quando ouve, quando sente o corpo diretamente, há o que Eckhart Tolle chama de "presença animadora" brilhando através de você. Está além de qualquer história. Não é do passado, nada do que alguém já lhe disse. Está no pano de fundo de cada minuto da sua vida, mas, como você estava prestando atenção na fachada, nas aparências e nos dramas e nos sentimentos, você nunca percebeu, mas agora pode. E sua relação com a comida pode ser a porta de entrada.

Existe um padrão interno discernível — uma combinação de sentimentos e eventos — que define e nos lembra do nosso lugar no mundo. E a luta com a comida faz parte. Você acredita que é alguém que sempre vai querer o que não pode ter. Sejam quadris mais estreitos ou uma vida sem obsessão; e então vê as Diretrizes e algo dentro de você diz: "*Que merda! De jeito nenhum.*". É compreensível. As obsessões são feitas de negativas. Libertar-se da obsessão é o ato de questionar a negativa. De relacionar-se com sua relação *com* a comida em vez de *a partir* dela e *como* ela.

A obsessão terá fim quando você preferir descobrir sua verdadeira natureza a ser leal à sua mãe ou pai. A obsessão terá fim quando você se preocupar consigo mesma o bastante para acabar com o estrago que a comida está fazendo. Quando você se amar o bastante para parar de se machucar. Quem não quer cuidar daqueles que ama?

Se prestar atenção a quando sente fome, ao que seu corpo deseja, ao que está comendo, quando comeu o suficiente, você acabará com a obsessão porque a obsessão e a consciência não podem coexistir. Quando prestar atenção a si mesma, perceberá a diferença entre estar cansada e estar com fome. Entre estar satisfeita e estar cheia. Entre querer gritar e querer comer.

Quanto mais você prestar atenção, mais irá se apaixonar por aquilo que não é obsessão: por aquilo que está brilhando através de você. A força de vida que anima seu corpo. A comida se torna uma forma de sustentar esse brilho, e qualquer maneira de comer que a deixa deprimida ou sem espaço ou cheia demais perderá o interesse. Quando isso acontecer, você perceberá lentamente que está sendo habitada pelo que é Deus e não gostaria de que fosse de outra maneira.

Epílogo

Você

Quando parei de fazer dieta, estava 27 quilos acima do peso e comendo *brownies* e tomando sorvete às duas da manhã. Meus amigos achavam que eu estava delirando. Disseram que eu precisava de ajuda. Encantada, disse que estava me libertando da alimentação emocional. Desgostosos, eles me disseram que eu estava trilhando o caminho da autodestruição cheio de pacotinhos de *cookies*. Nenhum de nós sabia então que existem estágios previsíveis no uso da comida como porta de entrada para Deus e que parecem muito o que os sufis descrevem como as Três Jornadas do caminho espiritual: a Jornada de Deus, a Jornada para Deus e a Jornada em Deus.

Na versão sufi, a Jornada de Deus é aquela em que você acredita que é o que faz, pesa, alcança e por isso passa o seu tempo tentando enfeitar-se com medidas externas de valor; um corpo magro, uma boa conta bancária, botas bacanas. Como até as pessoas magras, ricas e famosas envelhecem, têm celulite e morrem, a Jornada de Deus termina sempre em decepção total.

Na versão alimentar dessa jornada — a Jornada de Você Mesma —, você passa anos, às vezes a vida inteira, fazendo dieta, jejuando, comendo compulsivamente, fazendo exercícios e depois deitando no sofá porque se recusa a fazer mais uma flexão. Nesse estágio, seu principal objetivo é cuidar da sua aparência, atingir seu peso ideal, e livrar-se, definitivamente, do foco na comida. Como a relação com a comida é apenas um microcosmo da sua relação com o resto da sua vida (e suas crenças a respeito de abundância, privação, medo, benevolência, Deus etc.); qualquer tentativa de mudar a parte da comida que não envolva também as inúmeras crenças que ela representa acabará também, como a versão sufi, em decepção total.

Segundo os sufis, a outra jornada — a Jornada para Deus — também está repleta de desapontamentos. Você tenta parar o interminável fluxo de pensamentos e eles continuam tocando sua musiquinha maluca. Você decide que vai acabar com os pensamentos maus, a mania de julgar, o ódio e, de repente, vê-se desejando que a vizinha escorregue em uma casca de banana e morra. Você encontra um guia espiritual que parece a corporificação da sabedoria e pureza e ele acaba dormindo com 16 membros do seu rebanho.

No mundo da comida, essa Jornada para Si Mesma é igualmente frustrante. Você para de fazer dieta. Começa a comer o que seu corpo quer. Percebe que comer não tem nada a ver com falta de força de vontade, mas com falta de entendimento. Por mais que queira perder peso, você percebe, de repente, que manter o peso — e com isso o problema — é algo familiar e reconfortante. Você não quer se livrar do peso ou do drama que o cerca. Ainda assim, você aprendeu a questionar, a manter-se aberta, a ser curiosa em relação ao fato de ter passado a vida agonizando por causa do peso e agora, quando o fim está à vista, você nada em outra direção. Mas como você começou a usar sua relação com a comida mais como porta de entrada do que como prova de que tem problemas, usa todos os sentimentos que surgem como questões para questionamento.

A terceira jornada — a Jornada em Deus — é a mesma tanto na tradição sufi quanto na versão do caminho alimentar: nesta jornada, você termina a busca por mais e melhor. Você não vive mais a vida como se ela fosse um vestido de prova. A autenticidade, não a compaixão forçada, começa a nortear suas ações. Você lentamente percebe que já está inteira e que não há um teste para passar, nenhuma corrida para terminar; até mesmo a dor torna-se outra porta de entrada, outra chance de reconhecer onde o amor parece estar ausente.

Todas as práticas, todas as diretrizes, todos os instrumentos deste livro são para ajudar você a chegar ao ponto onde perceberá que não precisa deles. Uma das minhas alunas recentemente me escreveu uma carta para dizer que depois de seis anos participando de retiros duas vezes por ano, de sessões particulares semanais com um dos nossos professores, e de encontros bianuais intensivos realizados em fins-de-semana entre os retiros; iria deixar de participar porque não estava "praticando o trabalho". Ela escreveu:

> Eu não sigo as Diretrizes Alimentares. Eu não medito. Eu quero querer, mas não consigo. Estou passando por uma metamorfose. Estou cansada de movimentar-me lentamente porque sou pesada, de sentir dores porque sou pesada e de sentir vergonha porque sou pesada. Sei que posso escolher o exercício pela diversão e não

porque preciso dar um jeito em mim mesma. Todo este tempo percebo que estava vivendo minha vida não para mim, mas para me consertar e ficar ocupada o bastante para provar meu valor — e agora sei que não preciso mais disso. De repente me dei conta de que tenho alternativas e que posso fazer o que escolher fazer. Não preciso provar mais nada para minha mãe.

Amém!

Precisamos de instrumentos, diretrizes e práticas porque fomos levadas a acreditar que estamos fundamentalmente danificadas. Porque ainda acreditamos que a resposta está lá fora. Porque não confiamos em nós mesmas o suficiente para discernir entre querer o que fomos condicionadas a querer e querer o que realmente nos nutre.

Quando olhamos para o mundo através de lentes quebradas, o mundo parece quebrado. Quando comemos de uma determinada maneira por acreditarmos que estamos erradas se não fizermos assim, a liberdade não está livre. Quando estamos limitadas por crenças sobre o que é bom ou mau, não importa o que comemos ou quanto pesamos — ainda estamos presas à obsessão. Ainda estamos pagando por ocupar espaço em quilos de carne. A menos que desaceleremos, a menos que estejamos realmente interessadas nas crenças e necessidades que estamos empilhando em cima da comida, continuaremos a viver em um limbo onde o sabor da comida é tudo o que conhecemos do paraíso; e o tamanho dos nossos quadris é tudo o que sabemos do inferno.

Mas não precisa ser assim. A verdadeira santidade não está no que alcançamos, comemos ou pesamos. Há algo infinitamente melhor do que empurrar a pedra da obsessão montanha acima: deixá-la no chão. E se você estiver disposta a abrir mão de fazer dieta e encontrar uma solução rápida, e se quiser usar sua relação com a comida como porta de entrada para sua verdadeira natureza, isso vai acontecer.

É uma lei do universo que aquilo a que você presta atenção cresce. Quando você quer encontrar a si mesma mais do que quer procurar por si mesma, você descobrirá no dia a dia que Deus estava aí o tempo todo. Na tristeza de cada fim, na alegria de cada começo. No barulho e na quietude, nas convulsões e nos momentos de paz. Em cada momento de compaixão que você dedicou ao seu coração partido ou ao tamanho das suas coxas, em cada respiração — Deus está presente. Ele é você.

ESTE LIVRO FOI COMPOSTO
EM SABON PARA A LEYA
EM JULHO DE 2010